BTS는
어떻게
?
세계를
품었나

명품 한류를 만든 열두 가지, K팝을 중심으로

BTS는
어떻게
?
세계를
품었나

명품 한류를 만든 열두 가지, K팝을 중심으로

초판 1쇄 발행 2021년 9월 30일
　　　 2쇄 2021년 10월 8일
글쓴이 노성호
펴낸이 노성호
펴낸곳 주식회사 뿌브아르
디자인 김홍경
디자인 자료 셔터스탁닷컴(shutterstock.com)
출판등록 2008년 12월 16일 제 302-2008-00051호
주소 서울시 서초구 방배중앙로 15길2 비2호 (우)06564
전화 (02) 774-2545
팩스 (02) 774-2544
이메일 thepouvoir@naver.com
가격 1만 9,000원
ISBN 978-89-94569-33-8

BTS는
어떻게
?
세계를
품었나

명품 한류를 만든 열두 가지, K팝을 중심으로

노 성 호

뿌 브 아 르

들어가는
말

BTS> K팝> 한류의 성공을 만든 힘은
'천지인 사랑'과 '지혜의 축적'이었다

이 책은 한마디로 '한류의 뿌리'에 대한 책이다.

BTS와 영화 <기생충>, 드라마 <사랑의 불시착>과 <킹덤>, <오징어 게임>에 대한 환호. 지구상 곳곳에서 한류는 여름이 오기 직전인 6월의 기세를 닮았다. 나는 감히 한류를 내세운 한국 문화가 이제 막 세상에 본격적으로 퍼져 나가기 시작했다고 본다.

우리나라에는 한류 스타들이 넘친다. 아이돌이든 배우든 한류 스타들은 아티스트로서 대우를 받으며 세계적으로도 셀럽의 반열에 들어섰다. 부와 명예를 함께 누리는 선택된 사람이 됐다.

그런데 한류로 셀럽이 된 한류 스타나 한류의 혜택을 나름 받고 있는 한국 사람이나 정작 한류의 뿌리에 대해서는 잘 모르는 것 같은 느낌이다. 물론 아주 어려운 일이다. 5000년의 역사를 가진 나라의 문화를 정의하고 정리한다는 게 결코 쉬운 일은 아니기 때문이다.

이 책에 쓰인 내용도 당연히 정답이 아니다. 다만 25년간 기자 생활을 하면서 격동의 세월을 살아온 한 사람의 생각일 뿐이다.

다만 격동의 세월을 겪었다는 나를 포함한 내 또래의 삶은 이색적이다. 그래서 정답에 가까운 접근은 했다는 걸 위안으로 삼는다.

내 또래 동창들은 지구 역사상 최고의 단축 성장을 경험했다.

올해로 환갑 전후의 이들은 초등학교 때는 '춘궁기'라는 단어를 들으며 살았고, 미국의 원조 물자인 옥수수빵을 배급받아 배를 채웠다.

중고등학교 때는 삼촌 누나들이 베트남에 가서 전쟁을 대신 치르고 독일의 광산에서 광부로, 병원에서 간호사로 일하며 고국으로 돈을 부치는 걸 듣고 자랐다. 옆집 아무개가 중동 사막에서 일하는데 이번에 부쳐온 돈으로 테레비(당시 표현)를 샀고, 누구네 집에는 독일 그룬딕 전축이 생겼는데, 독일에서 일하는 딸이 부쳐준 거라고 하더라라는 말을 듣고 자랐다.

대학 때는 박정희 정권이 사라지면서 5.18민주화운동과 전두환 정권의 탄생을 지켜봤지만 군대를 다녀와 졸업 때 쯤에 민주화를 이뤄 냈고, 사회에 나가 직장 생활을 할 때는 몸을 사라지 않고 일을 했다.

30대 때 1인당 국민소득 1만 달러를 경험했고, 40대 때 2만 달러, 50대 후반에 비로소 3만 달러 국가의 국민이 됐다.

2021년 현재 내 주변 또래 중에는 자산을 1조 원까지 불린 부자도 있고, 2000억대 사업을 일군 친구들도 서너 명이 된다.

평범한 삶을 산 친구라도 서울에 아파트 한 채를 가지고 있다면 최소한 15억 전후의 자산가가 됐다. 0원으로 시작해 15억 전후의 자산을 일궜다면 경제력만 본다면 세계적으로도 성공한 사례에 속한다.

문화적으로도 우리 또래는 한자를 배웠고, 선진국이던 미국과 일본에서 뭔가를 배우려 애썼다.

이처럼 세계 역사에 유례가 없는 격동과 성장세를 지켜본 세대가 바로 대한민국의 1960년대생이다.

그래서 농담으로 나는 한국의 386세대를 '호모사피엔스 코레아속(屬)'으로 따로 분류해 유엔이 나서서 '인류무형자산'의 하나로 연구 조사해 기록으로 남겨 놓아야 한다고 주장한다.

인류가 배우고 물려줘도 될 훌륭한 가치를 경험하고 만들었기 때문이다. 이러한 삶의 배경을 가졌기에 나의 '한류의 뿌리'에 대한 접근이 전혀 타당성이 없다고 보지는 않는다. 나름 의미를 지닌 접근이라고 자부한다.

'한류의 뿌리'에 대해 간단히 정리하면 홍익인간으로 시작된 '천지인 사랑'에 중국에서 받아들인 불교와 성학을 발달시켜 우리 것으로 만들었고, 한글과 반도로 대표되는 다양성과 극강의 표현력이 더해져 현재 세계적으로 경쟁을 갖춘 우리의 문화가 탄생했다.

이 책은 계획 중인 '코로나 이후 세계와 한국'이라는 책의 일부 버전이다. 지난해 코로나가 닥쳤을 때 책을 구상하고 자료를 수집하고 목차를 만드는 과정에서 한류의 힘이 생각보다 막강해 한류의 근원을 생각하게 됐다. 예전부터 생각하던 몇 가지에 자료를 수집하며 더하다 보니 '한류' 하나만으로도 책 한 권의 분량이 넘어 버렸다.

그래서 우선 '한류'에 관한 책을 먼저 내는 것으로 계획을 바꿨고, 이 책은 그 결과물이다.

나는 이 책이 한류 스타나 K팝스타를 꿈꾸는 사람은 물론 국민들까지 '한류의 뿌리'를 조금이라도 이해하는 데 도움이 됐으면 좋겠다는 바람이다.

한류로 큰 혜택을 받고 있는데 정작 '한류가 무엇인지', '어디에서 유래됐는지' 정도는 알고 있어야 예의라고 본다.

다만 내용을 보면 소위 말하는 국뽕 냄새가 조금 풍긴다.

일본이 잘 나가던 1989년 「NO라고 말할 수 있는 일본」이란 책이 나왔다. 일본의 자부심을 자극한 히트작이었지만 안타깝게도 그 책이 나온 뒤 일본은 지금까지 '잃어버린 25년'을 앓고 있다. 이 책이 우리에게 주는 메시지다.

이 책을 절반 이상 썼을 때 하늘나라로 가신
어머님께 이 책을 바친다

:

2021년 9월 추석 즈음

노 성 호

CONTENTS

BTS는 어떻게 ? 세계를 품었나

명품 한류를 만든 열두 가지, K팝을 중심으로

1

BTS는
어떻게
?
세계를
품었나

명품 한류를 만든 열두 가지, K팝을 중심으로

1부

BTS> 한류> 한국 문화

1

문화란
무엇인가?

: 인간이 추(醜)가 아닌 미(美)를 따르다 만들어진 모든 것
: 정치, 종교, 신념보다도 우위에 있는 행동양식
: 노래뿐 아니라 언어, 음식, 민도, 한 국가의 특성까지 포함

문화에 대한 학자들의 견해는 조금씩 다르다. 영어의 컬처(culture)는 경작이나 재배에서 파생된 말이지만 한자로 문화(文化)는 '글로 된 것'이니 인간이 글을 알게 되면서 바뀐 다양한 모든 것을 말한다.

영어나 한자나 문화란 인간이 원시시대를 벗어나 본격적으로 인간다운 삶을 살게 되는 것을 뜻한다. 경작이나 재배는 인간의 경험과 지식이 어느 정도 쌓이지 않고는 불가능하다. 글을 알게 됐다는 건 글을 통해 인간의 지식 축적이 급격하게 이뤄졌다는 의미다.

따라서 문화란 좁은 의미로는 교양이나 인간다운 세련된 행동양식을 의미한다. 그러나 크게 보면 "종교나 철학이 포함된 지식과 신념, 경험

등이 표출된 생활 및 행동양식 모두"를 문화라고 할 수 있다.

우리나라의 문화기본법에서는 문화를 "문화예술, 생활양식, 공동체적 삶의 방식, 가치 체계, 전통 및 신념 등을 포함하는 사회나 사회 구성원의 고유한 정신적, 물질적, 지적, 감성적 특성의 총체"라고 정의한다. 복잡하게 생각할 필요가 없다.

인간이 살아가는 모든 생활 양태에는 선호도가 있다. 똑같은 물건이라도 색이 다르다면 고르는 사람이 나뉜다. 선호도를 미추(美醜)라고 표현할 수도 있는데, 즉 문화란 어떤 생활 양태를 고를 때 인간이 추함을 취하지 않고 아름다운 미를 취하다 쌓인 결과물로 보면 된다.

어떤 행위나 생각이나 사람들은 미추를 따진다. 다만 여기서 말하는 미추는 반드시 아름답고 추한 것이 아니라 "더 좋아 보이는 것 또는 더 끌리는 것"을 의미한다.

즉 사람들은 진짜나 가짜, 또는 누군가에게 속았다 하더라도 좋다고 느꼈기 때문에 선택을 하는 것이고, 그 선택이 쌓이면 어떤 결과물이 나오게 된다. 그 결과물 모두를 문화의 요소로 보면 된다.

불교, 기독교, 자본주의, 아파트 선호, 좋은 대학에 가려는 의도, 심지어 떡볶이와 김치찌개도 문화의 일부다. 당연히 노래나 언어, 국민성도 문화에 속한다. 그런 의미에서 인간의 삶을 지배하는 모든 사상과 행동양식을 문화라고 할 수 있다.

≈
시대적 보편성에 절대적 보편성까지 지니면 최강

그런데 문화는 독특한 특징을 가진다.

워낙 경험과 오랜 역사 속에서 다져지고 만들어지는 특성이 있기 때문에 여기에서 가진 경쟁력은 인간이 만든 어떤 것보다도 비교 우위를 가지게 된다. 심지어 종교나 사상, 국력, 경제력보다도 압도적으로 높은 위치에서 비교 우위를 가지게 된다. 즉 문화는 기축통화나 국가 GDP 1, 2등, 16억 인구, 땅 넓이, 핵무기 소유 여부 등 이런 숫자나 단어보다도 상위 개념이 된다.

"더 좋아 보이는 것을 골랐다"는 의미는 넓게 보면 '보편성'을 지녔다는 말과 같다.

물론 '보편성'은 시대적 보편성과 절대적 보편성으로 나눌 수 있다. 필요에 의해 영어를 배우고 미국문화를 좋아하는 것과 절대적인 존재로서 다빈치(Leonardo da Vinci)의 그림이나 베토벤(Ludwig van Beethoven)의 교향곡을 즐기는 것은 다르다.

그러나 시대를 따랐든 절대적 가치를 따랐든 모두 보편성을 지녔다면 문화로서 경쟁력은 갖췄다고 볼 수 있다.

따라서 보편성을 가진 문화는 어떤 비교에서도 우위에 있고 선호도가 높다. 특히 시대적 요구가 아닌 절대적 가치를 지녔다면 더욱 그렇고, 양쪽 다 가진 문화라면 압도적인 영향력을 가졌다고 해도 과언이 아니다.

또한 보편성을 지닌 문화는 정치나 경제력, 군사력 그 어떤 것보다도 심지어 종교적 편향으로부터도 열외의 존재로 홀로 존재할 수 있다.

치고, 박고, 지지고, 볶는 인류의 다양한 역사와 삶 속에서 가장 멋지고 강력한 방패가 바로 문화다.

정치적 견해 따위는 문화의 크기 속에 묻혀 버린다.

2020년 11월 BTS(방탄소년단)가 중국의 네티즌들에게 공격받는 일이 생겼다.

BTS가 한미 관계에 기여한 사람에게 주는 '밴플리트상(Van Fleet

Award)'을 받으면서 수상 소감으로 "한국전쟁 70주년을 맞아 우리는 양국이 함께 겪은 고난의 역사와 수많은 희생을 영원히 기억할 것입니다"라고 한 말을 중국 네티즌들이 트집을 잡았기 때문이다.

중국은 한국전쟁을 항미원조(抗美援朝)전쟁으로 부른다. 뜻대로 푼다면 미국에 대항해 조선(북한)을 도운 전쟁이라는 뜻이다. 따라서 중국은 한국전쟁의 희생자를 기린다는 BTS의 말을 곡해해서 자신들, 즉 당시 한국전쟁에 참여해 전사한 중국공산당군을 모욕했다고 판단한 것이다.

BTS는 세계적인 유명인이다. 말 한마디 한마디도 조심스레 단어를 선택한다. 당연히 수상 소감은 전혀 문제가 없는 단어와 뉘앙스로 이뤄져 있다.

전 세계 사람들은 이 같은 BTS의 발언과 중국의 반발을 어떻게 바라볼까. 당연히 누구의 주장이 보편적 타당성을 지녔는가를 따진다.

중국공산당에 과잉 충성하는 중국 네티즌들은 망신을 당했다. 중국을 비난하는 소리에는 인종도 종교도 나라도 초월했다. 남미 끝에서 아시아를 거쳐 북유럽 끝까지 모든 아미들이 한목소리로 BTS의 발언에 아무 문제가 없음을 인정했다.

2021년 들어서는 한류의 기세가 부러운지 한복과 김치도 중국의 것이라고 중국에서는 우기지만 세계적 시각으로 보면 그건 그냥 '부러워서 같은 버스에 올라타기'에 지나지 않다. 상대는 원하지도 않는데 같이 묻어가자며 억지로 뒤에서 손을 잡는 행위일 뿐이다.

이게 바로 문화의 힘이다.

문화는 정치나 인구 수나 특정 인종을 모두 초월한다. BTS의 발언은 작은 예다.

보편타당성을 가진 문화는 총, 칼, 권력을 넘어선 무형의 존재다.

경제는 더욱 문화에 종속된다.

다시 BTS를 예로 들어 보자.

팬인 아미들은 BTS가 좋아서 한국어를 배우고 한국 음식을 먹고 한국이란 나라의 이미지가 좋아지고 한국 기업이 만든 제품은 뭔가 모르게 친근감을 느끼게 된다. 처음에는 아미 같은 팬덤만이 움직일지 모르지만 결국은 아미의 주변 사람, 그 주변 사람의 주변 사람들도 한국을 좋아하는 현상이 퍼진다.

블랙핑크나 트와이스 같은 다른 아이돌 그룹의 팬층도 지구에 널리 퍼져 있다.

이들은 한국과 관련이 있는 것이라면 '무조건 좋다'는 생각을 가지고 있다.

한국어를 배우고 비빔밥이나 떡볶이 같은 널리 알려진 음식부터 시작해 갓김치나 간장게장 같은 지역 음식까지 섭렵하게 된다. 더 나아가 한국의 역사나 한국의 모든 것을 알고 싶어한다.

결국 끝에는 '한국에 가서 살고 싶다', '한국 사람이 되고 싶다', '한국 사람과 결혼하고 싶다'까지 연결된다.

≈

'무조건 좋다'에서 '함께하고 싶다, 되고 싶다'로 발전

우리나라에서 한류 방문지로 첫 사례가 된 건 남이섬일 것이다.

2000년대 초반 일본에서 <겨울연가>가 크게 히트를 치면서 일본의 중년 여성들이 주인공 배용준과 최지우가 사랑을 나누던 남이섬을 찾기 시작했다. 남이섬은 20여 년이 된 지금도 <겨울연가>를 뒤늦게 본 동남아나 중동의 여성들이 여전히 찾고 있다.

드라마나 영화 속에 자주 등장한 명동, 남산타워, 홍대 입구, 신촌 등이 한류 방문지로 자리를 잡았고, 최근에는 <강남스타일> 노래의 영향으로 강남역 부근과 쇼핑은 물론 좋은 전망을 함께할 수 있는 롯데타워도 외국인들에게 인기가 있다.

문화는 사실상 모든 것을 초월하는 상위의 개념이다.

K팝을 좋아하는 이들 팬이 K팝과 관련된 굿즈(goods)를 구매한다고 하자. 이들이 물건을 사고 지불할 때 달러나 파운드나 유로와 같은 화폐 단위는 의미가 없어진다.

동남아의 불교국가 국민이든 중동의 이슬람 국가의 국민이든 유럽의 가톨릭 국가의 국민이든 종교의 벽도 사라진다. 심지어 독재국가의 국민이거나 선진국 국민이거나 가난한 개발도상국 국가의 국민이거나 따질 필요도 없다.

K팝을 좋아하는데 종교나 국가나 인종이나 개인적인 신념조차도 의미가 없다. K팝이 좋아서 하는 행동, 즉 어떤 문화적 현상에 이끌려 하는 행위에는 자신도 모르는 어떤 초월적인 이끌림이 있기 때문이다.

즉 보편타당성을 가진 문화의 힘은 경제나 종교나 신념이나 인간이 그동안 만들어 놓은 사회적 시스템보다 우위에 있다. 따라서 문화가 경쟁력을 갖게 되면 '경쟁은 끝'이 된다.

2

≈
한류는 지구의 기축문화가
될 수 있을까

: '기축'이란 어떤 상황에서도 선택하게 만드는 '단 하나의 명품'
: 긴 세월 동안의 선함(신뢰)'가 있어야 '기축' 자격
: 보편성+표현력 갑+인류애+세계화로 '기축' 자격 충분

미국을 떠올릴 때 가장 부러운 것이 있다. 바로 달러다.

달러는 지구상의 기축통화로 금처럼 가치가 있다. 금을 가지고 다닐 수 없으니 달러를 가지고 다닐 뿐이다. 지구상에서 어느 나라를 가든 통용되는 화폐가 바로 달러다.

달러는 기축통화이기 때문에 고갈되지도 않는다. 따라서 달러가 기축통화의 자리를 유지하는 한 이론적으로 미국에 금융위기는 오지 않는다. 수요가 압도적으로 우위에 있기 때문에 돈이 부족하면 세계경제 성장률을 감안해 적절한 선에서 달러를 찍어 내기만 하면 되기 때문이다.

경제가 급성장한 중국은 한때 '기축시장'의 지위를 노렸다.

세계의 공장 역할로 경제력을 키운 뒤 16억의 인구를 내세워 중국을 기축시장으로 만들고 그 지위를 이용해 세계 경제를 좌지우지하려는 계획이었다. 숫자만 보면 자동차 생산 대수는 중국이 미국을 제쳤으니 기축시장에 다가섰다고 할 수도 있다. 그러나 중국이 꿈꾸던 '기축시장'의 지위는 실패했다. 시장 규모가 크다고 물건을 많이 사줄 힘이 있다고 해서 '기축'이란 단어를 붙일 수는 없다.

'기축'이란 단어를 붙이려면 긴 긴 세월 주변에 '신뢰'를 쌓아야만 가능하다. 신뢰는 사고파는 물건이 아니다. 따라서 누가 일방적으로 원한다고 해서 쌓이는 게 아니다. 그만큼 신뢰를 쌓는다는 건 어려운 일이다. 그런데 신뢰는 문화의 경쟁력을 가늠하는 아주 중요한 요소다. 같은 가치라도 달러와 중국 위안화 중 어떤 화폐로 받겠느냐고 물어본다면 누구나 달러를 선택할 것이다.

중국은 그런 면에서 아직 국제 사회로부터 신뢰를 얻고 있지 못하다. 중국에서 팔리는 상품은 무조건 좋다라는 믿음을 타인에게 심어 주기에는 매우 부족하기 때문이다.

≈

기축문화는 기축통화인 달러보다도 더 우월, 차별성을 갖는다

미국과 중국의 사례에서 보듯 '기축'이란 단어 속에는 분명 힘과 크기가 숨어 있다.

그러나 이는 과거의 얘기다.

예전에 인터넷도 없고 해외 여행을 자유롭게 갈 수 있는 나라나 사람이 적었을 때는 자신이 아는 정보가 제한적이었다. 이때는 큰 나라, 잘

사는 나라의 모든 것이 좋게 보이게 된다.

사실 지구 곳곳을 잘 뒤져 보면 당연히 더 좋고 더 나은 경쟁력을 가진 '무엇인가'가 있음에도 불구하고 아는 정보가 제한적이다 보니 믿을 수가 없어서 결국 큰 나라, 부자 나라의 모든 것을 동경하게 된다.

최근 지나간 50년을 놓고 봐도 1980년대 중반까지는 미국이나 유럽 제품에 대한 선호도는 매우 높았다. 서양에서 만든 물건은 모두 비쌌고 실제로도 좋았다.

나는 어릴 적에는 제니스(Zenith) 진공관 라디오를 들었고 대학 때부터는 일본산 워크맨과 시디플레이어가 항상 함께했다. 결혼 후 직장을 다닐 때도 일본산 TV와 음향기기는 물론 전기밥솥과 필기구까지 일본산 제품에 대한 신뢰는 높았다.

1980년대 중반 이후 10여 년간 일본 경제의 거품 또는 전성기 때 일본 제품은 전 세계를 휩쓸었다. 성능과 품질이 좋아 유럽의 가전제품 회사들은 네덜란드의 필립스를 제외하고 모두 망할 정도였다. 이탈리아의 올리베티, 프랑스의 톰슨, 독일의 그룬딕 등이 시장에서 사라져 갔다.

미국은 자동차 시장이 큰 타격을 입었다. 일본산 자동차의 성능과 품질에 미국산 자동차가 경쟁력을 잃자 크라이슬러부터 GM과 포드까지 구조 조정에 나서야 했고 주정부에서 보조금을 받고서야 생존할 수 있었다.

1990년대 일본에서 만든 가전과 자동차는 거의 기축상품이나 다름없었다. 누구나 좋아했고 누구나 신뢰했으며 지구상 어디서든 웃돈이 붙을 정도였다.

≈
세상은 변한다. 기축도 바뀐다

그러나 세상은 변했다.

현재 미국과 일본산 제품 중 한국 사람들의 주변에 남아 있는 제품은 애플, 테슬라, 구글과 일본산 필기구뿐이다.

기축문화란 결국 신뢰에 더해 현실적 선택, 좀 거창하게 말하면 시대적 선택을 받은 문화를 말한다. 신뢰를 얻지 못하면 아무리 힘이 세서 강요를 할 수 있는 위치에 있다고 해도 받아들이는 입장에서는 강제로 받아들이지 않는다.

오히려 저항이 일어난다. 일본강점기 때 일본이 창씨개명을 하고 한국어를 말살하려 했지만 오히려 우리 조상들의 마음속에 반발심만 불러일으킨 사례가 있다.

미국의 달러가 기축통화가 될 수 있었던 이유는 국가가 힘도 있었지만 제2차 세계대전 이후 힘과 신뢰에서 흠집이 난 유럽을 대체할 수 있다는 현실적 요청이 있었기 때문이다.

기축문화는 이처럼 현실적인 반영이기 때문에 쉽게 무너지지 않는다는 특징도 있다.

상상 속이나 심리적으로는 A를 선택할 수 있지만 현실적으로 B를 선택할 수밖에 없는 문화의 특성은 '끝없이 좋은 것을 추구'한다. 따라서 일단 기축문화로 자리 잡으면 뒤따라오는 '팔로워'들이 앞선 문화를 따라잡기 힘들게 된다.

중국이 급부상하면서 한때 달러의 위치에 대해 논란이 있었던 적이 있었다. 중국의 위안화가 기축통화가 될 수 있다는 얘기도 있었다. 그러나 심지어 현실 속 화폐를 무용화시킬 수 있는 가상화폐인 비트코

인까지 등장했음에도 불구하고 인간은 여전히 달러를 선호하고 지금도 달러를 기축통화로 인정한다.

그런데 문화는 달러와 같이 눈에 보이는 물건도 아니다.

철저하게 아날로그적이고 철학적이고 눈에 보이지 않는 힘에 이끌린다. 억지로 기축통화와 기축문화의 비교 우위를 논한다면 당연히 기축문화가 몇 끝발 위다.

현실 속에서 아무리 중요한 경제와 정치, 종교라 하더라도 이들을 뛰어넘는 존재가 바로 문화이기 때문이다.

그렇다면 한류를 내세운 한국 문화는 지구의 기축문화가 될 수 있을까.

나는 세 가지 이유로 가능성이 크다고 본다.

첫 번째는 한국 문화 자체가 절대적인 경쟁력을 갖추고 있다는 점이다. 하나의 문화가 경쟁력이 있다는 것은 타 문화와 비교해서 제3자가 선택을 한다는 뜻이다. 그런데 최근 흐름을 보면 K팝뿐 아니라 K드라마, K예능, K뷰티, K음식에 이어 이제는 한국의 모든 것에 관심이

확산되고 있다. 예를 들면 한국 사람의 인성, 한국의 활, 한국의 음식 문화, 한국 고유의 진돗개까지 '한국의 것'이라면 세계 모두가 관심을 가진다.

절대적인 경쟁력의 중심에는 '한글과 한국말'이 있다고 본다.

예전에는 한 국가나 민족의 언어가 문화를 지배하지는 않았다. 제국주의 시대를 거쳐 최근 100년을 봐도 힘있고 잘사는 선진국의 문화가 세계를 지배했다. 영국과 프랑스, 독일, 스페인, 이탈리아, 일본에 이어 미국 문화가 1950년 이후 세계를 지배했다고 해도 과언이 아니다. 힘이 있었기에 영어가 문화의 상징으로 등장한 것이지 비교 우위에 의해 선택된 건 아니다.

그런데 인터넷 시대가 되면서 흐름이 바뀌었다.

각국의 제도, 언어, 인종, 종교 등이 비교가 되면서 '비교 우위 종목'이 선택되기 시작한 것이다.

≈
가장 젊은 미국 문화에서
가장 오래된 한국 문화로 바뀌고 있다

여기에서 선택된 몇 가지 중 하나가 바로 한류로 불리는 한국 문화다. 그런데 한류가 선택된 이유 중 가장 큰 부분은 바로 한글과 한국말이다.

표현력에서 전 세계를 통틀어 '갑의 갑'이다. 표현력이란 그만큼 정교하고 다양하다는 말의 다른 표현이다. 다른 문화가 10나노의 바탕 속에서 시작한다면 한국 문화는 한글 덕분에 1나노의 바탕 속에서 시작한다. 태어나면서부터 출발점이 다른 상태로 시작하는 것이다.

입과 목의 기관인 아설순치후(어금니-혀-입술-이-목구멍)를 모두 사용하는 언어인 한국어는 갑의 표현력을 바탕으로 다른 영역까지 영향을 미친다.

1나노급 표현력은 말뿐 아니라 얼굴에 나타내는 표정과 감정에서도 압도적인 다양함을 표현해 낸다. K드라마 속에서 배우의 연기나 K팝의 예술성이 돋보이는 원인은 여기에 있다.

워낙 배우들의 연기력이 뛰어나 K드라마나 영화는 조연들의 연기를 보는 재미까지 더해진다. 또한 한국 드라마나 영화를 외국에서 리메이크하는 경우 원작인 한국판보다 못한 이유는 바로 연기자의 연기 때문이다. 이 모든 출발선에 바로 아설순치후를 사용하는 한국말이 있다.

아설순치후를 모두 사용하는 한국말은 음식의 다양함에도 기여를 한다. 식감(아설순치)뿐 아니라 목넘김(치후), 양념의 구분, 맛의 강도(아설순)에서 극강의 경쟁력을 갖춘다.

물론 한국 음식에는 극한의 여름과 겨울이 존재하고 반도국가라는 특징에서 음식의 다양성이라는 강점이 존재하지만 결국 맛을 구별하고 해부하고 표현하는 건 아설순치후를 그만큼 모두 잘 사용하기 때문이다.

맛의 구분을 10나노로 구분하는 셰프와 1나노로 구분하는 셰프의 차이는 크다. 그런데 한국인은 아설순치후를 모두 사용하는 한글 덕분에 평범한 사람의 입맛도 세계적으로 보면 경쟁력을 갖췄을 것이다. 노래를 잘하는 건 그래서 당연한 일이다.

한글의 특징은 받침이 있는 단어가 많다는 점이다. 그런데 받침이 있는 단어는 노래를 부를 때 평범한 '아, 야, 어, 여, 오, 요, 우, 유'보다 두 배는 더 힘들다. 내 경우도 발성을 해 보면 크게 들숨을 쉰 뒤 '아'를 내뱉으면 35초까지 부를 수 있다.

그러나 받침이 있는 '알, 안, 암, 앙'으로 내뱉으면 20초에서 25초로 줄어든다. 왜냐하면 받침이 있기에 혀가 입천장에 붙은 상태로 소리를 지속해야 하거나(알과 안) 입술을 닫을 상태에서 소리를 내거나(암) 콧소리에 붙여서 소리를 내야 하기(앙) 때문이다.

한국인은 말을 할 때 기본적으로 받침이 있는 단어를 사용하기에 노래를 부를 때도 구강 주변의 근육을 사용하는 데 익숙하다.

나는 한국 사람들이 노래를 잘 부르는 이유가 바로 아설순치후를 모두 사용하는 한국말에 있다고 본다. 다른 어떤 이유보다 뚜렷하다.

말하거나 노래를 부르거나 음식을 맛보고 삼키는 데 똑같이 아설순치후를 사용한다.

당연히 목젖을 비롯한 목근육이 발달할 수밖에 없고 이는 결국 표현력을 극대화하는 역할을 하게 된다.

즉 한글과 한국말 자체가 바로 한국 문화의 원천인 것이다. 그리고 시대가 바뀌어 언어가 비교문화에서 중요한 변수로 떠오르자 한류가 각광받고 있는 것이다.

≈
'닮고 싶은 나라' 또는 '원죄를 잊게 해 주는 나라'

두 번째는 한국에 대한 선한 이미지다.

한국은 제국주의 국가도 아니고 오히려 식민지에서 벗어나 선진국에 오른 세계에서 유일한 국가다. 다른 나라들의 롤모델이기도 하다.

여기에 인구나 땅 크기도 위협적이지 않다. 러시아, 미국, 중국, 인도처럼 땅이 넓지도 인구가 많지도 않다. 영국이나 프랑스, 이탈리아, 스페인, 독일 정도의 땅덩어리에 인구도 5000만 명 정도.

위치도 나쁘지 않다. 극동의 끝에 위치해 있다. 주변국과 전쟁을 한다면 겨우 중국과 일본 정도다. 아프리카나 중동, 유럽, 아메리카대륙은 너무 멀다.

역사를 봐도 주로 침략을 당했지 다른 나라를 침략하지는 않았다. 그럼에도 불구하고 스스로 문화를 잘 지켜 현재 세계에 자랑할 만한 문화국가로 성장했다. 게다가 경제적으로도 정치적으로도 선진국이다.

지난해 태국이나 베트남에서 "우리도 한국처럼 성장해 선진국이 될 수 있는가"라는 주제가 화제가 된 적이 있다. 그만큼 한국은 제3세계의 입장에서 보면 '되고 싶은 나라', '닮고 싶은 나라'가 됐다.

왜 선진국이라는 '미국처럼 되자', '프랑스처럼 되자', '독일처럼 되자'는 말이 없을까.

이들 국가는 제국주의 국가였다는 원죄가 있다. 해당 국가의 역사를 살펴보면 '빼고 싶은 역사'가 의외로 많다. 이 중에서 그나마 미국이 지리적으로 유럽이나 아시아에서 떨어져 있으니 미국 문화가 각광을 받았다. 아프리카나 동남아시아 등은 100년 전까지만 해도 제국주의 국가의 침략을 받아 나라를 빼앗긴 경험이 있다. 경제적인 측면에서 겉으로는 어떨지 몰라도 속으로는 껄끄러움을 지니고 있다.

그런데 한국은 자신들과 비슷하게 식민 지배를 받았음에도 불구하고 더구나 중국이라는 거대한 국가의 옆에 있음에도 불구하고 선진국이 됐고 문화강국이 됐다.

제국주의 국가였던 영국, 프랑스, 독일, 스페인의 입장에서도 한국은 박수 쳐 줄 수 있는 나라다. 자신들의 원죄를 해소하는 카타르시스를 느낄 수 있다. 자기들이 식민 지배를 했던 나라에게 "한국을 봐라. 너희들도 저렇게 될 수 있다"라며 자신들의 죄에서 한 발짝 빠져나갈 이유가 된다.

미국은 한국전쟁 때 도와줬고 지금도 미군이 주둔해 있다. 미국에게 한국은 자랑거리다.

은근히 "미국은 한국이 이만큼 성장할 수 있게 도와줬다"라며 얼굴에 미소를 띨 수 있다.

딱 한 국가 일본만이 속이 쓰리다.

자신들이 36년간 지배했던 국가가 지금은 자신들을 뛰어넘었다는 평가를 받고 있다.

한마디로 한국은 일본을 제외하고 전 세계 어떤 국가로부터도 '닮고 싶은 나라', '내 덕이라고 자랑할 수 있는 나라', '원죄를 잊게 해 줄 나라'가 됐다.

≈

20년간 축적한 콘텐츠, 팬데믹으로 맘껏 뽐낼 수 있어

세 번째는 시대가 기막히게 한국에 유리하다는 점이다.

인터넷과 유튜브의 확산으로 현재 세계는 시공간과 상관없이 연결돼 있다. 지구 어디에서나 세계의 어느 누구와 교류가 가능하고 노래, 동영상 모든 자료가 공유된다.

마침 2020년부터 코로나19로 집과 사무실의 역할이 강조됐다. 집이나 사무실에서 영화를 볼 수 있는 넷플릭스(Netflix)나 음원 스트리밍 서비스인 스포티파이(Spotifi), 타이달(Tidal) 등이 급격하게 성장한 건 비대면 활동이 활성화됐다는 증거다.

그런데 한류는 20년 전 아시아에서부터 시작됐기 때문에 한류 관련 콘텐츠는 상당히 축적돼 있다. 2021년이지만 한국 드라마나 영화, 아이돌 영상은 몇 달을 꼬박 봐도 시간이 모자랄 정도로 쌓여 있다.

20년간의 흐름이 있기에 오히려 사회 발전 단계별로 특정 나라에 더 어울리는 콘텐츠도 많다. 우리의 눈에 오래돼 보이는 <겨울연가(2002년)>나 <대장금(2003년)>은 특정 종교국가에서 더욱 각광받을 가능성이 크다.

그뿐만 아니라 한국은 사계절이 뚜렷해 드라마나 영화 속 풍경까지 다양하다. 적도 부근에서는 눈이 내리는 겨울 풍경에서, 온대지방에 속한 곳에서는 단풍이 활짝 핀 가을 풍경을 더 선호할 수 있다.

예술 창작에서 가장 중요한 '표현의 자유'가 준 다양한 소재도 자랑거리다.

외국에는 없거나 드문 '징병제', '찜질방', '유교국가 조선', '아파트', '선후배', '어른 공경' 등 문화가 주는 생경함도 한류 드라마나 영화의 강점이 되고 감추고 싶은 역사, 즉 5.18광주민주화운동이나 일본의 식민지 시절, 임진왜란, 한국전쟁도 영화의 장면으로 만들어 인류의 눈물샘

을 자극한다.

노벨문학상을 받은 코엘류(Humberto Coelho)가 극찬을 한 드라마 <아저씨>처럼 평범한 일상의 얘기를 인간의 성장과 가족의 사랑, 인생철학까지 버무려 휴머니즘을 자극하는 명작도 부지기수다.

서양이 발명한 '좀비'도 한류를 만나면 <부산행(2016년)>이나 <킹덤(2019년)>에서 보듯 역동적이고 인간적인 좀비가 되고, <늑대인간> 역시 한류를 만나면 <늑대소년(2012년)>처럼 1000년을 한결 같은 순애보 주인공으로 바뀐다.

이처럼 인류가 어쩔 수 없이 맞은 팬데믹으로 어쩔 수 없이 홀로 영화나 드라마를 즐겨야 하는 시대인데 마침 인터넷상에는 여전히 감동을 주는 한류 콘텐츠가 넘쳐 흐르고 있다.

인류에게는 비극이지만 20년간 실력을 키우며 먹거리(?)를 만들어 놓은 한류 입장에서는 좋은 기회일 수밖에 없다.

나는 동서양의 문화를 잘 어우른 한국 문화가 녹아 있는 한류 콘텐츠가 인류의 동질성 회복에도 기여할 수 있다고 본다.

현재 한국 문화는 지구 평균에서 조금 높은 수준이다. 인류가 가야 할 박애, 민주주의, 평화적 발전을 지니고 있다. 또한 사계절과 바다, 산, 대륙 등 지구의 다양한 면을 모두 지니고 있기도 하다.

인류는 한류를 통해 한국 문화를 만나 미래의 지구를 그릴 수 있고 현실 속에서 해야 할 일을 찾을 수 있다.

이것이야말로 현재 단계에서 한류가 인류에게 가장 기여할 수 있는 점이고, 이렇게 함으로써 인류가 '지구인'이라는 동질성을 지니게 될 수 있다고 본다.

'문화강국 대한민국'을 꿈꿨던 김구 선생의 바람은 현실이 돼 가고 있다.

3

≈
한국 문화의 미래는
'지구의 표준'

: '부자 몸조심' 현재는 겸손이 첫째 덕목
: 효과 높은 K푸드, K예능 지원 늘리고, K건축도 알리자
: K국민 의식으로 '문화 그 이상'의 '품격국가' 만들자

감히 한국 문화가 세계를 이끌 기축문화의 자격을 갖췄다고 했지만
이 흐름이 얼마나 오래갈지는 아무도 모른다.

다만 분야에 따라 향후 최소한 20~50년은 더 이어질 수 있다고 본다.
K팝처럼 유행에 민감한 분야는 20년 정도. 영화나 드라마 등은 35년
정도, 가장 수명이 긴 분야는 K푸드로 본다. 한번 한국 음식의 입맛에
길들여지면 상당 기간 오래갈 것으로 보고 있다.

과거 프랑스, 영국, 일본, 미국 문화의 예를 들면 세계 속에서 퍼지고
자리 잡고 수그러들 때까지 대략 20~30여 년 지속됐다. 현재 미국 문
화가 여전히 맹위를 떨치고 있다고 본다면 1920여 년경부터 약 100년
간 지구의 표준 문화처럼 됐다.

그러나 한류는 위에서 언급한 '선한 이미지'와 '독보적인 표현력' 덕분에 우리가 잘 돌보고 가꾼다면 미국이 누린 기간 이상을 누릴 수 있다고 본다. 이는 지구 역사상 아직 어떤 민족, 어떤 나라도 가지지 못한 '독보적인 색다름'이다.

물론 세상 일을 확신하기는 어렵다.

그러나 기회를 잡았다고 느꼈을 때 잘 준비한다면 한류의 미래를 밝게 만들 수 있다고 본다.

≈

표현의 자유, 무한 상상력 훼손되지 않아야

우선 강점을 더 살리는 시스템을 갖춰야 한다.

한류가 각광받는 가장 큰 강점은 갑의 갑 위치에 있는 표현력이다. 표현력과 무한한 상상력을 더욱 키울 수 있게 사회가 함께 노력해야 한다.

이미 밝힌 바대로 한국인의 표현력은 한국말 덕분에 목 근육에서 시작해 얼굴 근육, 그리고 눈, 몸짓의 표현력까지 확장됐다. 덕분에 한국인은 세계 어느 나라 사람과 비교해도 뛰어난 연기력, 표현력을 갖추게 됐고 예술가적 기질을 몸에 지닌 채 태어나게 됐다. 젓가락으로 작은 콩을 빠른 속도로 골라낼 수 있는 능력 또한 선천적으로 뛰어난 표현력을 지닌 채 태어났기 때문에 가능하다고 본다.

삼성과 SK하이닉스에서 만드는 반도체가 결코 우연히 세계시장을 제패한 것이 아니다. 한국인의 핏속에 압도적인 무한한 표현력, 정교함이란 DNA가 흐르고 있기 때문이다.

현재 우리의 시스템은 표현력과 상상력을 잘 발휘하도록 돼 있다고 본다. 그러나 새로운 법과 시행령 등이 등장할 때마다 국가 전체가 한 마음으로 우리의 강점인 '표현의 자유'와 '무한한 상상력'을 혹 제약받지 않는지 마치 경제 분야의 '공정거래위원회'처럼 감시해야 한다.

≈
겸손함을 잃어 소중한 기회를 놓치지 말아야

두 번째로는 국가 차원에서 우리 문화의 강점과 단점, 외부와 비교했을 때 다른 점들을 체계적으로 연구하고 분석해 소위 '한류의 전 세계적인 현상'을 낭비하지 않아야 한다.

어쩌면 지금 이 시기가 가장 한국 문화가 번성하고 있는 때인지 알 수 없다. 따라서 지금부터라도 따로 팀이나 부서를 만들어 체계적으로 분류하고 다듬고 대비할 필요가 있다.

이 같은 흐름은 뒤에 2부에서 나오지만 우리 민족의 특징인 '겸손과 신독(愼獨)'의 마음 자세이기도 하다.

쉽게 말하자면 '물 들어왔을 때 노를 젓는다'와 '대박 맞았지만 이럴 때일수록 부자 몸조심'의 자세를 말한다.

현재 한국은 한류가 터져 사회 전체가 조금 흥분된 상태에 있다. 한 걸음 물러나 지켜볼 때다.

겸손함을 잃어 스스로 기회를 놓친 사례가 바로 옆에 있다.

일본은 1990년대 중반까지 세계 최강의 경제력을 자랑했고 동양 문화라는 특수성까지 갖춰 한때 서구에서 큰 바람을 일으켰지만 스스로 자만에 빠져 몰락했다.

대표적인 예로 바로 1889년에 나온 책을 들 수 있다. 당시 소니의 창업자인 모리타 아키오(盛田昭夫)와 도쿄지사인 이시하라 신타로(石原慎

40

太郎)가 쓴 「NO라고 말할 수 있는 일본」이란 제목의 책이다.

이 책은 한국에서도 번역이 돼 나왔는데 패전국 일본이 1970~1980년 대에 급성장해 미국에 맞짱 뜰 수 있는 국가가 됐으니 일본은 자부심을 가져도 된다는 의미가 들어 있는 책이다. 한마디로 거품 경제니 뭐니 내외부에서 아무리 떠들고 무시해도 충분할 만큼 어깨에 힘 좀 주자는 얘기다.

한때 G2로 불리던 중국에서도 2009년 「중국은 불쾌하다(中國不高興)」라는 책이 등장했다.

당시 중국 경제가 급성장하고 전 세계의 모든 기업이 중국에 아부하듯 몰려들 때였다. 따라서 이 책은 외부나 다른 나라에서 이제는 중국에 대해 뭐라고 왈가왈부하지 말라는 내용이 담긴 책이다. 책의 저자 다섯 명 모두 민족주의적 성향이 강한 사람으로 알려졌다.

그런데 묘하게 일본과 중국은 그 책이 나오고 몇 년 뒤부터 욱일승천하던 기세가 꺾이게 된다.

일본은 1996년을 넘기면서 이후 잃어버린 10년, 20년의 시대로 들어갔고, 중국도 책이 나오고 8년여가 지난 2017년부터 미국의 트럼프 행정부에 의해 무역전쟁과 더불어 모든 면에서 간섭을 받게 되는 국면에 돌입했다.

한국은 겸손함을 미덕으로 여기는 나라다.

따라서 일본과 중국이 밟았던 길을 가진 않겠지만 국민 모두가 일본과 중국의 사례를 반면교사로 삼는다면 한류의 기축문화 현상은 좀 더 이어질 것으로 본다.

≈
영화, 드라마에서 벗어나 채널A의
<강철부대> 같은 한국적인 예능도 지원 필요

세 번째는 저절로 진행되고 있듯 한국 전역의 '한류 관광지'화와 '한류 산업 기지화'다.

관광지화는 이미 코로나 이전인 2019년까지는 큰 효과를 본 적이 있다. 명동과 이태원뿐 아니라 외국인들의 시선이 홍대, 건대, 한옥마을, 부산, 동해로 확산된 데 이어 지금은 '한국의 사소한 모든 것'으로 이어지고 있다.

따라서 잘 나가는 K팝, K드라마, K푸드, K예능 등 다양한 분야 중 우선순위를 매겨 집중화하는 전략이 필요해졌다.

예를 들면 K푸드는 인간 생활의 3요소인 '의식주(衣食住)' 중 가장 민감하고 오래가는 '식'에 속한다. <윤식당>, <현지에서 먹힐까>와 같은 먹방 스타일 프로그램에서 이미 증명됐듯이 '투자 대비 효과'라는 측면에서 본다면 가장 장기적으로 효과가 큰 문화산업의 하나다.

K예능도 통 크게 지원할 만하다.

반도국가와 분단국가, 사계절이 뚜렷하다는 다양성 때문에 다른 나라와 비교해 압도적인 경쟁력이 있다. MBC에서 수출한 <복면가왕>은 '먼저 발견한 포맷'이지만 채널A의 <강철부대>나 M넷의 <걸스플래닛999>와 같은 아이돌 오디션 프로그램, SBS의 <세기의 대결 AI(인공지능) 대 인간> 등은 한국에서만 가능한 예능 프로그램이다.

경제적인 면에서 보면 <복면가왕>이 권장할 만하지만 이제 한국 문화는 돈보다는 '가치와 품질'의 길을 함께 가야 하기 때문에 '한국에서만 가능한 예능 프로그램'에 대한 지원을 늘릴 필요가 있다고 본다.

K팝의 경우는 JYP에서 만들어 수출한 일본인 걸그룹 니쥬(NiziU)에서 보듯 이미 해외 진출의 새로운 단계에 진입했지만 우리나라에 워낙 좋은 프로듀서, 가수, 평론가, 관객이 있기에 해외 가수의 노래로 대결하는 프로그램의 수출도 생각해 볼 수 있다.

예를 들면 미국 수출을 염두에 두고 '마이클 잭슨 노래 편곡 대회'라든가 영국 수출을 감안한 '비틀스 노래 편곡 대회' 등이다.

장기적으로는 K건축도 큰 영향력을 발휘할 가능성이 크다.

공간에 대한 이해와 감각은 표현력과 상상력에 강점이 있는 한국인에게 아주 잘 맞는 영역이기 때문이다. 최근 미디어에 소개된 곡성의 '월든하우스(Walden House)'는 한국인다운 시각이 잘 드러난 뛰어난 건축작품이다.

이미 진입 시장 격인 자동차 디자인 분야에서 한국인은 세계를 이미 주름잡고 있다. 이제는 자동차보다 단위가 큰 건축 분야가 그 바통을 이어받을 가능성이 매우 크다.

≈
K국민 의식으로 '품격국가'의 길로 들어섰다

네 번째는 장기적인 이미지 관리에 돌입해 '문화 그 이상의 국가'를 목표로 삼아야 한다.

위에서 말한 두 번째에서 국가 차원에서 한국 문화의 장단점, 다른 점을 연구하다 보면 최상의 길을 찾을 수 있다.

현재 한국의 이미지는 최상이다.

특히 명품 국민 의식은 해외 어떤 국가도 쉽게 해낼 수 없는 결과물이다.

코로나19로 팬데믹 시대를 살면서 더욱 남을 먼저 생각하는 한국의 국민 의식은 각광을 받았다.

최근 유튜브 영상에서 이스라엘의 여학생이 한국 거리를 지나다 보면 '캣콜링(catcalling)'이 없어서 놀랐다는 얘기를 해 나조차도 놀란 적이 있었다.

생소한 용어인 '캣콜링'은 여자들이 지나가면 남자들이 휘파람을 불거나 치근덕거리는 걸 말한다. 일종의 성희롱이다.

우리나라에서 이스라엘은 「구약성서」로 통하는 종교의 나라로 이미지가 박혀 있다. 남미의 국가에서 '캣콜링'은 일상이라고 하지만 이스라엘은 의외였다.

여하튼 현재 한국은 K팝, K드라마뿐 아니라 살기에도 안전하고 사회 안전망과 의료 서비스, 대중교통 측면에서 최고의 나라로 평가받고 있다.

국민들의 높은 의식 수준이 만들어 낸 결과다.

나는 소위 K국민 의식 덕에 한국의 이미지가 이젠 '브랜드 단계'를 뛰어넘었다고 본다.

문화 접촉의 단계를 '보고, 듣고- 만지고- 느끼고- 체험하고- 맹목적으로 좋아하고'의 5단계로 보면 한류는 '체험하고'까지 온 것 같다.

최근 한국에 와서 살고 싶고, 한국인이 되고 싶고, 한국인과 결혼하고 싶어하는 외국인이 부쩍 많아졌다. 이를 마케터의 시각으로 본다면 통상적인 마케팅의 범위를 벗어난 단계다.

달리 말하면 한류는 브랜드를 뛰어넘어 '레퓨테이션(reputation 평판)의 단계'에 들어섰다고 본다. 더 쉽게 표현하면 한류는 이제 '루이뷔통(Louis Vuitton)', '샤넬(Chanel)', '에르메스(Hermes)', '벤츠(Benz)'의 길로 가야 한다고 본다.

지구인은 이제 K팝이나 한국 문화가 그냥 생겨났다고 믿지 않는다. 해외에서 베끼려고 해도 쉽지 않다는 걸 잘 안다. 오히려 K팝은 따라가기 쉽지만 K국민 의식은 넘사벽이다.

K국민 의식은 단순히 표현력, 감각, 기교, 역사 만으로 만들어진 게 아니다. 여기엔 5000년을 이어온 한국인 특유의 철학과 정서, 그리고 동서양 문화를 녹여낸 독특한 문화, 강한 정신력이 녹아 있다. 이제 외국의 시각에서 볼 때 한국 문화는 다른 무엇으로 베낄 수 없고 대체할 수 없다는 '독보성'을 인정할 수밖에 없다.

물론 최상위 명품의 이미지 관리는 매우 어렵다.

예전에 벤츠의 마케팅 담당 임원과 골프를 칠 때 "벤츠는 마케팅하기 쉽지 않나요? 이 세상의 차는 벤츠와 벤츠 아닌 차로 나뉘지 않습니까"라고 질문을 해 담당 임원을 곤혹스럽게 한 적이 있다.

사실 벤츠나 루이뷔통, 에르메스는 마케팅이 더 까다롭다. 구매하는 소비층이 "차는 벤츠와 벤츠 아닌 차"처럼 이분법적 사고로 접근하기 때문이다.

이제 막 독보적인 단계로 진입한 한류도 프리미엄 브랜드가 거쳐온 과정과 역사를 잘 살펴보고 연구해 최적화된 방법을 찾을 필요가 있다. 한국 문화가 현재 이미지만으로 50년을 버틸 수 있다고 하자. 그러나 평판 관리까지 나선다면 한류는 100년, 200년도 지속될 수 있다. 물론 이는 40대 이하의 후손들이 만들어 가야 할 몫이다.

사실 현 상황만 보면 국격과 한류는 지금이 최전성기일 수도 있다.
한류는 지구의 모든 강을 포용하는 바다가 됐다.
이백(李白 701~762)의 시를 보면 이런 구절이 있다.

군불견(君不見)
황하지수천상래(黃河之水天上來)
분류도해불복회(奔流到海不復回)

그대 보지 못했는가?
황하의 물이 하늘에서부터 내려와
바다로 들어가지만 다시는 돌아오지 못함을.

한류는 바다가 됐다.
이미 바다가 된 한류의 맛을 본 물은 결코 다시 강으로 돌아가지 못한다.
한류의 경쟁력을 잘 관리해 100년이 아니라 향후 500년도 끄떡없었으면 하는 바람이다.

2

BTS는
어떻게
?
세계를
품었나

명품 한류를 만든 열두 가지, K팝을 중심으로

2부 명품 한류를 만든 열두 가지

첫째 마당

1000년 이상 축적해 온
네 가지 정신

1

≈
홍익인간
정신

: 널리 사람을 이롭게 하라-그래서 '아무도 한류를 싫어하거나 거부하지 않는다'
: 침략과 착취의 제국주의와 정반대 개념- 인간과 국가는 성선(性善)하다
: 유엔헌장 1조 4개 항을 한마디로 요약하면 '홍익인간'이다

우리는 초등학교에 입학하면서 '홍익인간(弘益人間)'이란 말을 듣는다.
"널리 인간을 이롭게 한다"는 뜻으로 우리 민족이 5000년 역사를 이
어온 근본 정신이다. 우리 민족의 첫 번째 국가인 고조선의 건국 이념
으로 「삼국유사」와 「제왕운기」에도 언급된다.

홍익인간은 기독교의 사랑, 유교의 인(仁), 불교의 자비, 심지어 인권을
중시하는 민주주의와도 통한다. 크게 보면 싸우지 말고 서로 잘 살라
는 의미다.

나는 '홍익인간' 정신을 5000년간 이어온 문화가 바로 우리 문화의 튼
튼한 기초가 됐다고 본다.

그런데 최근 몇몇 국회의원이 교육 이념에서 '홍익인간'을 제외하자고 했다가 국민의 반발에 놀라 급히 되물림한 바 있다. 역사에 대한 이해가 미흡해 생긴 해프닝으로 보고 싶다.

역사를 보면 우리는 홍익인간을 철저하게 실천한 민족이다.

강한 주변국에 의해 그들의 전쟁터에 우리 군대를 보낸 적은 있지만, 우리가 남의 땅이나 남의 나라를 탐한 적은 없었다. 왜냐하면 남을 해치는 일은 홍익인간 정신에 위배되기 때문이었다.

나라가 약해서 당했다고 생각할 수도 있지만 우리 민족은 고구려가 망한 뒤와 몽골군이 아시아를 지배할 때는 중국으로 수많은 포로가 잡혀갔고 공녀도 보냈다. 임진왜란 때는 일본으로도 수만 명이 포로로 끌려갔다.

그럼에도 불구하고 다른 나라를 침략하지는 않았다.

만주 북쪽을 포함한 옛 조선의 넓었던 땅, 중국을 기준으로 표현하자면 산해관(山海關), 즉 만리장성 밖은 모두 조선의 땅이었다. 기자조선과 고구려, 부여 등을 거쳤지만 홍익인간 정신 때문인지 우리 민족의 땅은 점점 줄어들어 최근 1500여 년간은 한반도로 정착됐다.

어쩌면 땅이 줄어들면서 줄어든 만큼 홍익인간 정신은 고밀도로 축적돼 668년 신라가 한반도를 통일한 이후 고려, 조선을 거치면서 한반도 땅에 녹아들었는지도 모르겠다.

최근 임진왜란의 숨겨진 사실을 살펴보면 서양의 천주교 신부들이 당시 함께 조선 땅에 넘어왔고, 심지어 신부들은 서양의 노예상과 함께 한반도에 들어온 것으로 알려졌다.

노예상들은 천주교 신부나 일본 막부의 비호를 받으며 우리 선조들을 잡아가 노예로 팔기도 했다. 그중 한 명은 이탈리아까지 넘어간 것으로 알려졌다.

일본 천주교사에서 1622년 있었던 겐나대순교(元和大殉教)는 대표적인 종교 박해로 알려졌다. 지금도 나가사키(長崎)시 니시자카(西坂)공원에는 기념비가 있는데, 그곳에서 순교한 사람들 중에는 임진왜란 때 끌려가 불과 20여 년만 일본에서 산 비운의 조선인도 있었다.

1622년 일본 최초의 신부인 세바스찬 기무라를 숨겨준 죄로 조선인 안토니오는 화형으로 순교했고 그의 부인 마리아, 그리고 세 살된 아들도 연좌죄로 순교했다.

4년 뒤에는 사대부 양반 출신으로 알려진 빈센트 권(카온)도 그 언덕에서 순교했다.

임진왜란은 지금 생각해도 안타깝다. 아무리 나라가 엉망이었다고 하더라도 당시 조선은 국민조차 지키지 못할 정도로 국방의 힘이 형편없었다. 그러나 그렇다고 하더라도 조선이 일본처럼 남의 나라를 침략하고 그곳의 백성을 노예나 포로로 끌고올 수 있었을까?

절대 불가능한 일이다.

일단 홍익인간 정신에 위배되는 일이다. 남의 나라를 침략하는 것도, 상대방의 의향도 묻지 않고 종교인을 보내는 것은 생각조차 하지 않는다.

임진왜란 때 가장 충격적인 사실은 서양의 예수회 선교사들이 노예상들과 함께 조선 땅에 들어온 점이다.

만일 정상적인 상황에서 조선 땅에 노예상들이 들어온 게 알려졌다면 아무리 형편없는 조선이었다 하더라도 조정에서는 일고의 가치도 없이 그들 모두를 잡아 처형했을 것이다. 그건 누가 봐도 인륜에 위배되는 말도 안 되는 일이었기 때문이다.

물론 당시 철저한 계급사회였던 조선에도 노비제도가 있었다. 부끄러운 역사의 하나지만 시대의 부산물이기도 했다. 노비제도는 인도의 카스트 계급처럼 사회 내부에서 제도로 용인됐지만 그렇다고 최소한 전쟁을 벌여 다른 나라 사람을 잡아오거나 그들을 노예로 부리진 않았다.

≈
왕과 탐관오리가 미워도 적이 침략해 오면
승병, 민병으로 나라를 위해 싸웠다

우리 조상은 다른 나라를 침략하지는 않았지만 지키는 데는 열심이었다. 이민족이 침략해 왔을 때는 민족과 강산을 지키기 위해 종교적 신념까지도 버리며 칼을 들고 나라를 지켰다.

불교에서는 살생을 금하지만 심지어 스님들은 목탁 대신 칼과 활을 잡고 저항했다. '승병(僧兵)'이란 단어가 이율배반적이긴 하지만 어찌됐든 우리나라는 외침이 잦아서인지 삼국시대부터 불교라는 호국신앙을 가지고 있었다.

고려 때인 1232년 몽골의 침략 때 살리타이(撒禮塔)를 죽인 김윤후와 조선시대 임진왜란 때 휴정대사와 유정대사 등이 나라를 지키기 위해 승병을 이끈 인물로 유명하다.

스님뿐만이 아니다. 일찍부터 '국가'라는 개념이 있었던 탓인지 일반 국민들도 위기가 오면 쟁기를 버리고 칼을 들었다.

여기에는 아무리 임금이 정치를 잘 못하고 양반들이 밉고 탐관오리들이 설쳐도 상관없었다. 일단 나라를 위기에서 구하는 게 먼저였다.

민초들로 구성된 이들은 의병(義兵)이라 불렸다. 임진왜란 때 행주대첩과 진주성 전투 등을 승리로 이끈 건 관군과 힘을 합친 의병들이 있었기 때문이었다. 지금도 국사 교과서에 나오는 경상도 곽재우, 전라도 고경명, 충청도 조헌 등이 의병을 이끈 지도자들이었다.

이처럼 우리 민족은 침략은 받을지언정 다른 나라를 침략하지는 않았다. 아마 수천 년 이어온 홍익인간 정신이 있었기 때문으로 본다.

홍익인간은 다른 말로 평화 추구다. 따라서 인간 세상을 살아가는 데 보편적인 정서를 담고 있다. 서로 돕고 이롭게 해 주겠다는데 마다할 사람, 민족은 없다. 설령 자신은 손해를 보더라도 수백 년 수천 년간 이웃에 피해를 주지 않으면 그 선행은 쌓여 결국 주변의 평판은 '좋은 사람, 좋은 나라'로 남게 된다.

우리 민족이 무려 5000년간 축적한 홍익인간 정신은 인간의 욕심이 극에 이르러 발생한 제국주의시대와 제1,2차 세계대전을 거치며 100여 년 전부터 '인본주의 사상'이 지구촌에 등장하자 서서히 고개를 들기 시작한다.

미국과 소련의 냉전시대가 끝난 뒤 시간이 흘러 2000년대로 들어서면서 세계화가 진행되고 인터넷을 통해 정보민주화와 국제 질서의 민주화 등 힘보다 상식이 우위인 세상이 지구상에 도래하자 지난 5000년간 홍익인간의 마음으로 갈고닦은 우리 문화도 결국 재평가받기 시작했다.

홍익인간을 실천한 때문인지 현재 세계에서 인정받는 한국 문화는 거부감이 없다. 특별히 자신의 국가, 민족에 해를 주지 않았기 때문에 더욱 그렇다.

아직 막강한 영향력을 가진 미국 문화나 동양 문화의 원류를 자랑하는 중국 문화를 지금도 거부하는 지역과 세력이 있다는 걸 감안하면 한국 문화에 대한 인류의 호감도를 이해할 수 있다. 당연히 제국주의와는 정반대 쪽에 서 있는 홍익인간 정신 때문이다.

홍익인간 정신 – 성선설 – 민주주의로 연결

홍익인간 정신의 가치는 생각보다 크다. 왜냐하면 '성선설'에 기초를 두기 때문이다.

사람의 본성이 선하냐 악하냐에 대한 논쟁이 있다.

2300여 년 전 중국의 맹자(孟子 기원전 300년 전후)는 인간은 본래부터 선하다는 성선설(性善說)을 주장했다. 인간은 착하기 때문에 그걸 지키기 위해 초심을 잃지 말고 심신을 수련하며 끝없이 진리를 탐구해야 한다는 얘기다.

반면 중국의 순자(荀子 기원전 200년 전후)는 인간은 악한 존재라 그걸 다스리기 위해 법과 규율로 악한 심성이 드러나지 않도록 해야 한다고 성악설(性惡說)을 주장했다. 현대 사회의 근간인 법치를 강조했지만 그 이유가 인간은 본래 욕망을 절제하지 못하는 마음을 가지고 있다고 믿었다.

이론의 전후 관계를 떠나 홍익인간 정신은 성악설보다는 성선설에 가깝다.

모든 인류는 선한 존재이므로 잠시 포악해지기도 하고 전쟁도 하고 남의 나라를 침략하기도 하지만, 결국 사람이나 국가나 '선한 마음의 자리'로 돌아올 것이라는 믿음이 있고 이는 홍익인간 정신에 부합된다.

따라서 우리 민족은 주변국에서 침략전쟁이나 제국주의의 바람이 불더라도 휩쓸리지 않았다. 누군가는 그래서 대응책이 겨우 방어만 있었느냐는 달갑지 않은 소리를 듣더라도 결코 상대방을 침략하고 복속시키는 일은 하지 않았다. 우리 선조들은 방어만으로도 충분한 의미와 가치가 있다고 믿었던 것이다.

성선설은 현재 시대정신과도 맞다.

민주주의는 인간이 선하다는 데서 출발한다.

인간은 본래 선한 존재이므로 개인의 존엄성과 자유를 보장할 필요가 있다. 따라서 개개인이 선택한 사람, 제도도 선한 방향으로 발전한다는 믿음이 있기에 현재 인류는 민주주의를 좋은 방식으로 보고 선택한 것이다.

이에 비해 성악설에 무게를 둔다면 독재나 전제국가가 될 수밖에 없다. 인간은 믿을 만한 존재가 못 되니 항상 감시하고 통제해야만 사회가 유지된다. 자연스럽게 인간의 자유와 존엄성, 생명은 희생될 수밖에 없다.

왕조국가에서도 우리 선조가 지키려 했던 홍익인간 정신은 시대가 바뀐 민주주의 시대를 더욱 빛나게 하고 있다.

따져 보면 홍익인간은 우리 민족만의 것이 아니다. 온 인류가 실천해야 할 귀중한 덕목이다.

제2차 세계대전이 끝날 무렵인 1945년 6월 26일 미국의 샌프란시스코에서 미국 등이 서명한 국제연합헌장(Charter of the United Nations)의 제1장을 보면 유엔의 목적에 대해 4개 항을 뒀다.

　　　1 > 국제 평화와 안전을 유지하고, 이를 위해 평화에 대한 위협의 방지, 제거 그리고 침략행위 또는 기타 평화의 파괴를 진압하기 위한 유효한 집단적 조치를 취하고...(이하 생략)

　　　2 > 사람들의 평등권 및 자결의 원칙의 존중에 기초해 국가 간의 우호 관계를 발전시키며 세계 평화를 강화하기 위한 기타 적절한 조치를 취한다.

　　　3 > 경제적, 사회적, 문화적 또는 인도적 성격의 국제문제를 해

결하고 인종, 성별, 언어 또는 종교에 따른 차별 없이 모든 사람의 인권 및 기본적 자유에 대한 존중을 촉진...(이하 생략)

4 > 이런 공동의 목적을 달성함에 있어서 (유엔이) 각국의 활동을 조화시키는 중심이 된다.

옛날 문어체의 딱딱한 표현이지만 한마디로 요약하면 지구촌 모든 사람과 국가는 '홍익인간 정신'을 실천하자는 말이다.
우리 민족이 5000년간 지키며 축적해 온 홍익인간 정신은 세계화 시대를 맞아 다양하고 다변화하는 세상에 더없이 귀중한 보물로 떠올랐다.
다시 말해 유엔과 같은 국제기구에서 연구하고 보존할 가치가 있는 귀중한 인류 유산인 것이다.
이처럼 가치 있는 홍익인간 정신이 현재 한국 문화를 만든 근본인 점은 대한민국 국민이면 누구나 아는 사실이다.
더불어 현재 한국 문화가 세계 각국으로부터 배척당하지 않으며 퍼지고 있는 것도 홍익인간 정신에 입각한 5000년간 성선(性善)을 이어온 조상들의 업적 덕분이라 해도 틀리지 않다.

2

≈
한국식 자연주의-
천지인(天地人) 삼위일체 사상

: 하늘과 땅, 사람은 하나이므로 나뉘지 않는다
: 자연이 낳은 인간은 고귀한 존재다
: '자연스러움'보다 더 나은 아름다움은 없다

우리 민족의 정신을 설명하는 데 '자연주의'는 가장 적절한 단어다.
"하늘이 생기고 땅이 만들어진 뒤 나중에 인간이 태어났다. 따라서 하늘과 땅 인간은 함께 살아가는 존재다."
우리 조상들은 예부터 이렇게 생각했고 어릴 때부터 이렇게 배웠다. 근세에 기독교가 들어오고 과학이 발달해도 하늘과 땅, 인간의 관계를 의심하지 않고 살았다. 먼 옛날부터 지금까지 비록 현재 시점에서는 서양 문명과 자본주의, 민주주의 속에 살고 있어도 천지인 세 가지가 삼위일체라는 걸 몸으로 체득하며 살아간다.
천지인을 알고 살아간다는 건 다시 말해 인간 자체를 자연의 일부로 본다는 얘기다.

우리 조상들은 자연에서 태어나 자연으로 돌아가는 걸 당연하게 여겼다. 따라서 내가 자연이고 자연스러움이 '나다움'이며 자연스러움이 최선의 아름다움임을 알고 느끼며 살았다.

그런데 서양의 시각으로 보면 자연주의(naturalism)는 우리가 떠올리는 자연주의와 많이 다르다. 사전적 설명은 "예술과 철학에서 과학의 영향으로 나타난 사상과 운동의 하나"다. 서양에서 자연주의는 낭만주의에 대한 반대에서 탄생했고 사실주의와 구분하기 어려운 측면이 있다. 위에서 내가 설명한 자연주의와는 다른 모습, 다른 해석이다.

따라서 이 책에서는 '한국식 자연주의(Korean naturalism)'라고 따로 분류해 부르기로 하자.

한국의 자연주의는 서양의 자연주의와는 전혀 다른 존재다.

나는 한국식 자연주의는 세 가지 특징을 가지고 있다고 본다.

'천지인 삼위일체', '음양조화와 영속성', '5000년 변화의 되새김질인 선(禪)사상'이다.

첫 번째 '천지인 삼위일체 사상'은 하늘과 땅, 사람이 하나라는 생각이다.

순서를 보면 하늘이 생긴 뒤 땅이 만들어지고 이후 사람이 탄생했지만 하늘과 땅이 없었다면 인간도 없었기 때문에 결국 천지인 세 가지는 하나의 뿌리며 하나의 존재라는 얘기다.

천지인 삼위일체 사상은 결국 자연과 사람은 하나라는 걸 알게 해줬고 또한 세상과 사람이 어디에서 왔고 어디에서 시작됐는가를 떠올리게 해 줬다.

학문적으로 따져 보면 해와 달, 돌, 새 등을 섬기는 샤머니즘이 여기에서 시작됐겠지만 우리 조상은 이후 문명 발달과 더불어 삼위일체 사상을 더욱 아름답게 만들어 간다.

~
까치밥을 본 펄벅 여사
"한국은 고상한 사람들이 살고 있는 보석 같은 나라다"

펄벅과 관련된 애기는 이를 뒷받침해 준다.

1931년 쓴 「대지(The Good Earth)」라는 소설로 1938년 노벨문학상을 탄 미국의 펄벅(Pearl S. Buck 1892~1973) 여사는 한국을 매우 사랑했던 거장이었다.

그가 한국을 사랑하게 된 이유는 여러 가지가 있겠지만 1960년 방한했을 때 느꼈던 일도 사랑의 깊이를 더하는 데 결정적이었다고 본다.

그는 당시 한국의 이곳저곳을 다녔는데 늦은 오후 시골에서 한 농부를 만난 적이 있다. 당시 농부는 지게를 지고 소 옆에서 함께 걸으며 소달구지를 끌고 가는 중이었다.

펄벅 여사가 이상하게 본 것은 분명 소달구지 뒤에 여물이나 이것저것 짐을 실었는데 농부 역시 자신의 지게에 여물 등을 잔뜩 얹고 가는 모습이었다. 보통 농부가 소달구지 주인이라면 자신의 지게는 물론 자신조차도 소달구지에 올라타고 앉아 소 고삐만 쥐고 편하게 쉬는 게 일반적인 모습일 것이다.

펄벅 여사는 이유를 물었고 농부의 대답은 펄벅 여사로 하여금 감탄사를 자아내게 했다.

"우리 소가 오늘 좀 힘들게 일을 했지요. 그래서 제가 짐을 나눠 지고 갑니다."

그때는 마침 늦가을이었다.

펄벅 여사는 농촌을 지나다 농가의 감나무에 일부러인양 감이 몇 개 달려 있는 걸 보고 집주인에게 왜 감을 다 따지 않고 뒀느냐고 물었다.

집주인의 대답 또한 펄벅 여사에게 감동을 준다.

"조금 지나면 추워지는데 그러면 까치가 먹을 게 없어지죠. 저건 까치를 위해 남겨둔 까치밥입니다."

1960년의 한국은 세계에서 가장 가난한 나라 중 하나였다.

한국전쟁 후 휴전협정을 맺은 게 1953년이었으니 10년도 채 지나지 않았을 때였다. 당시 봄만 되면 '춘궁기'라는 단어가 신문에 나올 때였고 실제로 먹을 게 없어 굶어 죽는 사람도 있었다.

그런데 한국 사람들은 배고프고 가난했어도 정신은 풍요로웠고 아름다웠다.

가축이지만 힘들게 일한 소의 짐을 사람이 나눠 지고 뒷산에 사는 까치에게 밥을 남겨 주는 민족, 이런 민족이 어디에 있는가.

두 가지 모습을 보고 감동받은 펄벅 여사는 한국에 대해 이런 평가를 한다.

"한국은 고상한 사람들이 살고 있는 보석 같은 나라다."

소를 가족처럼 여겨 짐을 덜어 지고 뒷산에 사는 까치를 위해 '까치밥'을 남겨 놓을 줄 아는 사람들. 하늘과 땅, 사람이 모두 하나라는 생각을 갖지 않는 한 나오기 힘든 행동이다. 그리고 이 같은 행위는 5000년간 차곡히 쌓아 놓은 자연주의가 몸에 배어 있지 않다면 실천하기는 더욱 어렵다.

3

한국식 자연주의-
음양오행 사상

: 우주와 자연의 움직임 속에서 법칙을 찾아내다
: 음양과 오행을 이해해서 한글을 발명하고 지속 가능한 가족, 사회, 국가를 꿈꾸다
: 국기에 태극을 그려 넣은 대담하고 자신감 넘치는 민족

한국식 자연주의의 두 번째 특징은 '음양(陰陽)의 조화'를 중요하게 여기다는 점이다.

우주에도 음양이 있어 사람도 여자와 남자가 있게 됐고 세상 만물 어디에나 서로 끌리고 마땅히 함께 있어야 하는 두 가지 존재가 있다는 걸 우리 조상은 제대로 알고 제대로 실천했다.

지금은 많이 사라졌지만 30년 전만 해도 시골 마을 입구에는 천하대장군과 지하여장군 장승이 서 있는 곳이 많았다. 마을을 지키는 수호신도 남녀가 함께 지켰다.

속리산을 가봤다면 정이품송을 봤을 것이다. 소나무는 은행나무처럼 암수가 있지는 않지만 우리 조상들은 정이품송의 부인으로 산너머

20리쯤 떨어져 있는 보은군 서원리의 소나무를 '정부인송'으로 만들어 줬다.

인간이 문명을 이끌자 자연스럽게 발생한 이론이 오행(五行)이다. 우주 만물 또는 인간 사회가 움직이는 다섯 가지 움직임을 말하는데 목화토금수(木火土金水)의 다섯 가지 성질이 때로는 합심하고 때로는 배척하며 변화를 만든다는 것이다.

목화토금수의 순서는 자연의 상생 사이클을 가리킨다.

목(나무)은 수명이 다하면 땔감이 돼 불을 도와주기도 하지만 땅에 떨어져 서서히 사라져 가는데 그건 바로 '시간의 불'에 의해 타 없어지는 것이다. 따라서 나무는 결국 화(불)로 바뀌게 되는 것이다.

불로 바뀐 나무는 토(땅)가 된다. 땔감의 용도로도 쓰지 못하는 재, 즉 생명이 없는 존재가 됐으니 토가 된 것이다. 땅은 오랜 시간 지나면 굳고 굳어져 돌이나 금속이 된다. 즉 금(금속 물체)이 된다. 금은 결정체다. 마지막 단계다.

그러나 자연은 돌고 돈다. 금은 마지막 단계지만 굳고 굳는 게 계속되면 결국 다시 액체가 된다. 즉 금속을 압축하고 압축하고 반복을 하면 액체, 즉 수(물)로 변하게 되는 것이다.

그 물은 아직 죽지 않은 나무가 빨아들이게 된다.

목은 화를 만들고(화가 되고) 화는 토가 되고 토는 금을 만들고 금은 물이 되는데 물은 다시 목을 키우게 된다. 이게 바로 목화토금수가 상생하는 방식이다.

음양오행의 상생 원리를 가장 잘 활용해 만든 게 바로 한국 문화를 세계 최강으로 이끈 한글의 발명이다.

뒷장에 다시 설명이 나오지만 당시 조선은 음양오행사상이 몸과 마음은 물론 생활 속에 익혀 있는 상태였다. 따라서 세종대왕도 한글을 만들 때 음양오행부터 떠올렸고 신체에서 소리를 내는 부분이 아설순치후였기에 한글 만들기가 자연스럽게 시작됐던 것이다.

아마 생각보다 쉽게 한글이라는 문자를 뚝딱 만들어 냈을 수 있다.

≈
이름의 돌림자(항렬)는 현대적 의미의 지속 가능 성장 방법

민간에서 음양오행의 활용 사례는 바로 이름 돌림자로 불리는 항렬 (行列)이다.

음과 양이 존재한다는 건 새로운 음양을 만들 수 있다는 것이고, 오행의 성질을 잘 활용하면 지속 성장하는 모습을 인위적으로 만들 수도 있다고 믿었다.

여자와 남자가 만나 아이가 태어난다. 그런데 그 아이가 건강한 후손을 다시 낳고 이런 상황을 계속 이어간다면 그 가문은 번성하게 된다. 그렇다면 가문을 번성시키는 방법은 무엇이 있을까.

세상사에서는 딸을 왕에게 시집보내 왕비 집안이 되거나 출세하는 후손을 만들거나 하겠지만 선천적으로도 영속성을 갖게 만든 조상들의 방법이 바로 후손들의 이름 돌림자를 오행상생의 방식으로 이어가도록 하는 것이다.

한국 사람들의 이름에는 천지인, 음양, 오행의 선순환 구조가 모두 들어가 있다. 이름이 세 글자로 이뤄진 건 천지인을 뜻하고, 이름을 지을 때도 음양이 조화를 이루도록 지었으며, 돌림자는 오행에서 상생인 목화토금수라는 흐름과 순서에 근거해 목 기운이 센 글자 다음에는 화 기운이 센 글자, 이런 식으로 족보 자체에 돌림자를 정해 후손들이 그대로 따르도록 했다.

우리 집안인 교하 노(交河 盧) 씨를 예로 들면 증조할아버지부터 내 조카까지 병(秉)-우(愚)-재(載)-호(鎬)-승(承)이란 글자가 이름 중간과 마지막에 번갈아 가며 들어간다.

어떤 이는 음양오행 사상이 중국에서 들어와 한국화되고 정착했다고 하지만 정작 중국사람의 이름을 보면 한국만큼 항렬을 중시하진 않는 느낌이다. 아마도 옛날 귀족 집단이라고 해도 왕조가 바뀌면 역적으로 몰릴 가능성이 커져 이름 체계를 바꾸는 경우가 많았기 때문으로 보인다.

반면 한반도는 통일신라 약 300년, 고려 500년, 조선 500년으로 비교적 왕조의 변화가 적었고, 왕조가 바뀌어도 지역 호족과 유력 가문은 새 왕조에 기여할 기회를 줬다. 따라서 가문의 흥망에 대한 요인이 적었던 한국에서 오히려 이름을 오행의 흐름에 맞게 정착시키게 됐다고 본다.

음양오행을 현대적으로 풀이하면 이름의 돌림자 등 영속성을 중시하는 이 같은 행위는 기업이나 국가가 매우 중요하게 추구하는 '지속 성장 전략'과 맞닿아 있다.

어쩌면 생활 속 깊이 이어온 이 같은 지속 성장 흐름이 한국을 수천 년의 세월 동안 이어오도록 만든 건 아닐지 모르겠다.

대담한 우리 조상은 국기를 만들 때도 과감하게 음양오행을 사용했다. 바로 태극기다. 둥근 모양에 위아래로 빨간색과 파란색이 나뉘어 있는 태극은 바로 음양의 상징이다.

우리나라가 대한제국 시절인 1882년 국기를 만들 때 음양을 상징하는 태극을 중심으로 주변에 팔괘 중 사괘를 넣어 만든 건 결코 우연이 아니다. 그만큼 우리 민족의 마음과 역사 속에 깊게 자리 잡았기 때문에 가능했던 것이다.

전 세계 모든 국기와 태극기를 비교해 보라. 우주와 인간 탄생과 지구의 역사까지 새겨 넣은 국기는 단 하나, 태극기뿐이다.

≈
음양은 서로 다른 것의 구분일 뿐, 음양도 서로 바뀐다

한 가지 짚고 넘어가야 할 건 우리의 음양 사상은 서양이나 중국처럼 음양의 구분을 칼로 벤 듯 구별하지 않았다는 점이다.

한국식 음양 구분은 조상들이 체득한 삶의 경험이 배어 있어서인지 매우 유연했다.

음양은 반드시 남자와 여자만 상징하지 않았다. 위와 아래, 동과 서, 여름과 겨울, 땅과 바다, 해와 달 등 서로 다르면서 서로를 보완하는 것 역시 음양으로 분류했다. 심지어 정(靜)과 동(動), 순간과 영속, 미시와 거시를 음양으로 보기도 했다.

이 같은 분류는 자연주의 사상이 음양보다 앞에 있다 보니 나온 현상으로 보인다.

한국식 자연주의 관점에서 보면 음과 양은 단순히 남자와 여자, 태양과 달을 의미하지는 않았고 서로 다른 양쪽을 의미하기도 했다. 따라서 어떤 때는 여자가 양, 남자가 음이 되기도 하고, 여자 중에서도 극단적인 성격의 사람이 있다면 다시 음양으로 나누기도 했다.

우리 조상들은 세상의 모든 것에는 서로 다른 두 가지가 있고, 그것이 잘 어우러져 세상이 만들어지고 이어지고 있다고 믿었다. 여름과 겨울, 불과 물, 전쟁과 평화 중 어느 쪽이 양이고 음인지는 시대에 따라 달라졌고 그 것을 당연하다고 여겼다.

자연주의를 앞에 내세우다 보니 하늘과 땅이 음양이라면 그 사이에서 당연히 무언가 생겨날 수밖에 없는데, 그런 흐름 속에서 인간과 만물이 태어났다고 봤다. 그만큼 인간과 만물 모두 소중한 존재일 수밖에 없었다.

4

한국식 자연주의-
선(禪)사상

: 1500년간 깨달음의 되새김질은 '축적의 축적'을 만들었다
: 세계 유일한 '동안거', '하안거'가 있는 나라
: 일본의 젠, 인도의 명상, 서양의 힐링과는 차원이 다른 '진리의 길찾기'

한국식 자연주의의 세 번째 특징은 깨달음을 얻는 선(禪)사상이다.
선(禪)이라고 하면 60대 이상은 '동안거(冬安居)'와 '하안거(夏安居)'를
떠올린다.
요즘은 덜 하지만 30년 전만 해도 '동안거'와 '하안거'는 매년 여름과
겨울을 시작하는 단어였다. 스님들이 깨달음을 얻기 위해 여름과 겨
울에 행하는 90일간의 수행은 언론에서 항상 다뤘고, 그 기사를 본
국민들은 비로소 여름과 겨울을 준비하기 시작했다.
수백 년을 이어온 동안거와 하안거는 2021년 코로나19가 여전해도, 미
국에 새로운 대통령이 취임하고 브레이브걸스(Brave Girls)가 4년 전 부
른 <롤린(Rollin')>이란 노래가 갑자기 역주행 신화를 쓰며 1위에 올라

서도 여전히 존재한다.

깨달음을 얻기 위해 1년의 절반인 180일을 오직 생각하고 느끼는 일로만 보내는 집단이 어디에 있는가?

세속적인 사고로 보면 그 시간 동안 일을 하거나 공부를 해 지식을 쌓는 것이 더 나을지 모르지만 한국의 불교는 다르다. 하안거와 동안거는 전통을 지키는 일이라기보다는 자연을 더 사랑하고 자연 속에서 인간의 존재에 대해 더 깊게 깨달아 보라는 의미가 강하다.

≈
동안거, 하안거의 실천, 그리고
이도다완의 자연스러운 아름다움

전형적인 선의 세계는 내가 경험하기도 했다.

내가 일생을 통해 기억하는 가장 아름다운 장면은 1981년 봄, 청주의 부모산(父母山)으로 소풍을 갔을 때 마주쳤던 절 마당의 모습이다.

그때는 절 마당에 벚꽃이 잔뜩 떨어져 있었는데 내가 막 그 절로 들어가는 작은 모퉁이를 돌 때 스님이 빗질을 시작했고, 울퉁불퉁한 길을 지나 마당 초입에 발이 닿았을 때는 스님이 빗질을 거의 끝낼 때였다.

그런데 나는 절대 그 마당에 발을 디딜 수 없었다. 왜냐하면 지금도 설명하기 어려운, 스님의 규칙적인 듯 불규칙해 보이는 그 빗질의 흔적은 너무나 아름답고 성스러운 모습이라 세속의 때가 묻은 내 발을 내미는 것이 죄송스럽다고 느꼈기 때문이다.

아마 나 혼자였다면 바람이 불어 다시 벚꽃이 땅에 내려앉고 다른 스님이 분주하게 움직여 그 흔적의 가치가 희석될 때까지 하루고 이틀이고 기다렸을지도 모른다.

현실은 그 아름다운 선계(仙界)의 마당 그림을 즐길 여유도 없이 뒤따라온 동행들의 발자국이 그 흔적을 지우게 됐지만. 그때는 물론 지금도 그 당시를 떠올리면 그 마당의 감동을 더 느꼈더라면 좋았을 걸 하는 아쉬움이 남는다.

그날 스님의 빗질은 '지고의 자연스러움'이었다. 빗질이라는 행위는 인위적일지 몰라도 자연과 일체가 됐기에 마당에 남아 있는 빗질의 흔적은 인간 이전의 태고의 그림이 됐고, 나는 그 아름다운 자연 앞에서 저절로 엄숙해지고 몸가짐마저 겸손해졌던 것이다.

어쩌면 빗질을 한 스님은 그날 아침 분명 무언가 깨달았던 건 아닐까. 그렇지 않다면 빗질이라는 인위적인 행위가 자연의 일부로 녹아 들어가지 못했을 것이다.

나중에 문득 느낀 건 그 절의 이름이 연화사(蓮華寺)였다는 사실이다. 절이었으니 벚꽃을 연꽃(蓮)으로 봤을지 모르지만 꽃화(花) 자보다 꽃이 활짝 펴 빛이 나고 있다는 뜻의 화(華)를 넣어 이름을 지은 건 나보다 더 오래전 누군가도 매년 봄마다 나처럼 느꼈기 때문이라고 본다.

벚꽃 빗질의 다른 모습은 아마 일본의 국보로 지정된 조선시대 막사발인 '이도다완(井戶茶碗)'일 것이다.

솔직히 우리 눈에는 그냥 막사발이다. 때로는 제사를 지낼 때 김치를 담아 놓기도 했을 테고 어쩌면 너무 못생겨 개밥그릇으로도 사용했을 것이다. 그런데 지금의 시각으로 보면 정말 자연스럽기 그지없는 모양새다. 분명 사람이 만들었을 터인데 인위적인 맛이 거의 없다.

옛날 이도다완을 만든 조선의 도공은 자연을 마음과 손에 품은 채 그릇을 빚어냈기에 가장 자연스러운 작품이 됐다. 자연과 하나가 돼 마음을 비우지 않고는 절대 만들 수 없는 게 조선 다완이었다.

막사발뿐 아니라 텅 빈 순백의 이조 백자와 달항아리 역시 지금도 전 세계 도예가들이 꿈꾸는 경지의 세계다.

조선 다완을 만든 시골의 도공이나 깨달음의 경지로 빗질을 한 스님이나 모두 우리 주변에 흔히 볼 수 있는 민초의 하나일 뿐이다. 그런데 지금 생각해 보면 한국 땅 시골 구석구석에 수많은 피카소(Pablo Picasso)가 살고 있었고, 수많은 부처가 살고 있었던 것이다.

그들은 공기 같은 존재였다. 주변에 그런 사람들이 워낙 많으니 우리는 그 가치를 모르고 지나쳤던 것이다.

≈

중국에서 시작됐지만 가장 화려하게 핀 곳은 한반도

선(禪)사상이라고 하면 불교를 떠올리지만 나는 한국의 선사상을 결코 불교의 몫이라고 보지 않는다. 5000년을 이어오며 축적된 우리 민족의 사상에 불교의 장점이 접목된 결과물로 본다. 다만 불교를 만나 가시적이고 명확한 방향과 수행 방법으로 드러나며 발전됐다고 본다. 인도에서 시작된 불교는 중국을 거쳐 한국을 비롯해 아시아 각국에 전파됐다.

그러나 한국만이 유일하고 특이하게 선사상을 발전시켰다.

물론 중국에도 달마선사 등 선과 관련된 인물과 행적이 남아 있지만 화려하게 꽃을 피운 곳은 한반도 땅이었다.

중국의 선사상은 위나라, 양나라와 인연이 있는 달마(達磨)로부터 혜능(慧能) - 조주(趙州) - 임제(臨濟) - 금우(金牛) 등으로 이어지지만 대부분 큰스님은 수당(隋唐)시대로 끝이다.

당나라를 전후로 5가7종이 생겼지만 이후 서기 1000년을 지나면서 중국에서 선사상의 흐름은 잘 이어졌다고 보기 힘들다. 1100년대에 수행에 필요한 선문답을 정리한 「벽암록(碧巖錄)」과 「종용록(從容錄)」
이 나왔으나 이후 발전으로 이어지지 못했다.

그러나 한반도 땅은 다르다.

신라 때 선사상이 들어온 뒤 선덕여왕 시대의 혜공(惠空) - 원효(元
曉) - 범일(梵日)을 지나 고려시대에는 지눌(知訥) - 나옹(懶翁)이 있었
고, 조선시대에는 무학(無學)으로 시작해 조선 말기인 1800년대에는
경허(鏡虛)가 있었으며, 최근 50년으로 좁히면 탄허(呑虛 1983년 졸) -
성철(性徹 1993년 졸) 등 수많은 큰스님이 이어진다.

선사상 특성상 드러내길 꺼려서 그렇지 이름이 알려지지 않고 흔적과
숨결을 남긴 큰스님들이 지금도 유명 사찰의 사리탑(스님의 유골을
모셔 놓은 곳)에 남아 있다.

나는 한반도 땅에서 선사상이 꽃핀 것이 우연이 아니라고 본다.

선은 기본적으로 긴 호흡, 긴 세월 갈고닦은 '자연에 대한 해답'을 어
느 정도 얻어야만 겨우 뿌리를 내릴 수 있다.

또한 아무리 세속에서 비켜 서 있는 수행 방식이라고 해도 정치적 혼
란에서 자유로울 수는 없다. 하안거나 동안거를 하는 스님들도 매일
먹고 마셔야 가능하기 때문이다.

중국은 당나라 이후에도 수많은 나라가 세워지고 사라졌다. 땅이 넓
다 보니 민란도 많았고 전염병도 많았다.

반면 한반도 땅은 신라 이후 1000년간 고려와 조선밖에 없었다. 정치
의 영향을 무시할 수는 없지만 그래도 스스로를 다스리며 인생을 고
민하기에는 충분한 환경이 있었다.

불교라는 씨앗이 뿌려졌다고 모두 같은 줄기에 같은 꽃이 피진 않는다.
한반도 땅은 특이하게 대승불교와 선사상을 발전시켰다. 바로 5000
년간 곰삭혀 익힌 자연주의 사상이 배어 있었기에 가능했다고 본다.

일본에서 배운 서양의 선사상은 힐링과 명상이 한계

서양이 중심이 된 학문 영역에도 선(禪)이 있다.

일본의 선사상을 서구에서 차용한 것으로 일본식 발음으로 젠(zen)으로 부르는데 본질에서 매우 벗어나 있다. 조용하고 정적이며 단순화한 것을 선으로 본다. 다도(茶道)를 선의 하나로 보기도 한다.

일본의 선은 인도의 '명상'과 더불어 '힐링'의 한 요소로 서양에서 각광을 받고 있다.

루마니아의 지휘자 세르주 첼리비다케(Sergiu Celibidache 1912~1996)는 일본의 선사상에서 영향을 받아 그가 지휘한 브람스(Johannes Brahms)의 독일 레퀴엠이나 브루크너(Anton Bruckner)의 교향곡는 원곡과 비교해 터무니없을 정도로 느리게 연주했다. 물론 느려도 지루하지 않고 독특해 클래식 마니아들의 각광을 받았지만 진정한 선의 사상을 이해했다고 하기는 어렵다.

현재 선사상의 종주국은 한국이 됐다.

선(禪) 역시 천지인이 하나라는 사상에서 출발한다. 또한 자연이나 국가, 왕조의 변화도 긴 호흡으로 보면 찰나에 가까운 사건이라는 걸 깨닫게 되면서 시작된다. 그리고 모든 인간은 생로병사라는 진리의 벽을 넘지 못한다는 걸 느끼며 선사상은 발전한다.

다시 보자.

100년의 역사를 아는 사람과 5000년간의 변화를 아는 사람 중 누가 더 지혜롭고 누가 더 생각이 깊을까. 그것도 단지 아는 것에 그치지 않고 조상의 조상의 조상들이 경험하며 느낀 감정과 지혜를 무려 5000년간 후손의 후손의 후손까지 내리물림했다면 결과는 뻔하다.

한국의 선사상은 1500여 년간 축적된 돈오(頓悟)가 만든 사리 덩어리

선은 최소한 1000년 이상을 가늠할 수 있는 한 공간에서 스승의 스승이, 조상의 조상이 단박에 깨달은 돈오돈수(頓悟頓修)의 조각과 천천히 깨달은 돈오점수(頓悟漸修)의 조각들을 꿰맞춰 이뤄낸 생각의 사리(舍利) 덩어리다.

한국 땅에서 키운 선이란 단순한 명상이 아니다. "천지인 삼위일체 속에서 인간의 존재와 소멸이 천지와 어떤 교감을 하느냐의 깨달음"이다. 한반도 땅에서 이뤄낸 선의 덩어리는 인류의 무형유산이기도 하다.

하늘과 땅, 인간, 세상 만물이 하나라는 삼위일체 사상에 음양오행의 흐름으로 지속 성장을 이뤄 낸 한국의 사상, 여기에 뒤늦게 받아들인 선사상조차도 생각의 사리 덩어리로 순화시킨 한국만의 자연주의는 지구상에 유일한 독특한 사상임에 틀림없다.

2부_명품 한류를 만든 열두 가지

둘째 마당

극강의 표현력과 다양성을
만든 네 가지

5

≈
한국말과 한글

: 자연의 모든 소리에 도전해 뇌의 표현력을 극대화하다
: 다양한 받침(자음)이 목근육을 발달시켜 정교, 미세한 나노급 표현력 장착
: 인칭이 없는 자연칭과 의태어 문장의 등장은 진화의 증거

"태초에 빛이 있었다."

구약성서 창세기의 도입 부문을 과학적으로 설명한다면 빛이 처음 등장한다. 물론 성서에서는 하나님이 만물을 지은 뒤 처음 한 일이 빛을 만든 일이라고 쓰여 있지만.

빛은 자연의 시작을 의미한다. 또한 에너지의 근원이기도 하다.

빛이 탄생하자 온도가 드러나고 낮과 밤이 생기고 비로소 인간을 비롯한 생명체가 등장한다.

생명체의 원초적인 감각을 지배하는 것은 빛임에 틀림없다. 빛 다음은 무엇일까.

"인간의 귀에 소리가 들렸다."

아기가 태어나면 눈을 뜨기 전에 소리부터 듣는다. 엄마 아빠의 목소리, 의사와 간호사의 말소리도 들릴 것이고, 옆방에서 울리는 휴대폰 소리도 들을 수 있다.

'소리'

인간이 태어나면서 가장 먼저 느끼는 감각이다. 그만큼 인간이 가진 오감 중 가장 원초적이며 친근한 존재다.

한국 사람에게 '소리'는 단순하지 않다. 영어에서 말하는 사운드(sound)와 노이즈(noise), 랭귀지(language)는 물론이고 자연이 부벼대며 내는 폭포수, 바람, 천둥, 비, 매미 울음까지도 모두 '소리'에 포함된다. 자연에서 나오고 만들어지는 모든 소리를 '소리'에 포함시키는데, 여기에는 당연히 인간이 말하는 언어와 노래가 빠질 수 없다.

한국 사람에게 소리의 기본은 역시 말이다. 아담과 이브 이후 인간의 입에서 나오는 모든 말은 기본적으로 자연의 소리를 흉내 내면서 시작됐다고 볼 수 있다.

그런 면에서 볼 때 우리가 쓰는 한국말은 한국 문화의 시작이라고 할 수 있다.

문화라는 측면에서 언어가 뛰어나다는 의미는 '표현력'이 좋다는 뜻이다. 표현력이 좋다는 건 바로 그만큼 표현할 수 있는 영역이 넓다는 의미고, 이는 곧 창작의 기본이 되는 문화산업에서 압도적으로 우위에 서게 되는 요소가 된다.

자연주의, 즉 자연을 사랑한 민족이었기 때문인지 몰라도 우리 조상은 말에 자연의 모든 소리를 담으려고 노력했다. 다른 민족이 보면 무모하다고 할지도 모르지만 우리 조상들에게는 당연한 얘기였다.

「훈민정음 해례본」 서문에 이런 말이 적혀 있다.

"바람 소리, 학의 울음, 닭의 홰치며 우는 소리, 개 짖는 소리일지라도 모두 이 글자로 적을 수 있다."

한글의 우수성을 강조할 때 인용하는 구절이다.

물론 언어학자들은 다른 나라 말도 모두 가능하다며 지나치게 한글을 만능으로 오해할 소지가 있다는 의견도 낸다.

≈

의성어보다 표현이 어려운 의태어의 보물창고

그러나 언어학자들의 견해는 학술적으로는 맞지만 '얼마나 잘 표현했느냐'라는 질문으로 들어가면 한글만큼 다양하고 차이 있게 표현하는 언어는 드물다.

물론 한글 창제 당시의 문자로는 가능하고 현재 아래아 등 몇 가지 사라진 부호들이 있어 600년 전 한글 창제 당시의 의미가 퇴색됐다고는 해도 한글의 표현력이 뛰어난 건 사실이다.

한 조사에 따르면, 한국어는 1만 1000가지의 표현을 할 수 있지만 일본어나 중국어로는 단지 1000개 이하의 표현밖에 하지 못한다고 한다.

영어로는 아직 '달, 딸, 탈'을 구별하기 어렵다.

한글의 표현력에서 정말 뛰어난 점은 의성어뿐 아니라 의태어도 그럴듯한 표현이 많다는 점이다.

'짹짹', '멍멍', '휘잉', '하하', '졸졸졸', '퐁당퐁당'과 같은 의성어도 뛰어나지만 '울퉁불퉁', '꼼지락꼼지락', '간질간질', '포동포동', '으쓱으쓱', '몽실몽실'처럼 소리가 없는 행동이나 상태를 소리로 옮겨 적은 단어는 정말 뛰어나기 짝이 없다.

우리 언어의 표현력이 다른 언어와 비교해 절대적으로 우위에 있다는 사실은 한국에 와서 사는 외국인들이 더 잘 안다.

그들은 영어를 한국어로 옮기는 건 가능하지만 한국어를 영어로 옮기는 건 어렵다고 말한다. 심지어 거의 불가능하다고 판단하는 부류도 있을 정도다.

'입이 심심하다', '시원섭섭하다', '고소하다'와 같은 문장을 영어로 표현할 방법은 없다.

한국어를 포함해 서너 개 국어를 구사하는 외국인들이 소통에 가장 편한 언어로 한국말을 꼽는다. 워낙 표현할 수 있는 단어가 많아 한국말로 말하다 영어나 다른 나라 말로 번역하려면 탁 막히는 경우가 많다고 한다.

한국어를 아는 외국인들이 한국어 표현력의 무한함을 깨달을 때가 바로 본국으로 돌아가 가족들과 더불어 한국 영화를 볼 때라고 한다. 한국말에 익숙하니 자막 없이 한국 영화를 이해하기에 어떤 장면에서 눈물이 나고 뭉클해짐을 느끼지만 영어 자막으로 영화를 보는 가족이나 지인은 멀뚱멀뚱 있기 때문이다. 바로 번역 자막이 적절하게 표현하지 못하기 때문이다.

따라서 한국 영화를 사랑하는 외국인들이 공통적으로 하는 말이 역설적이게도 만일 한국말이 좀 더 영어로 표현하기 쉬운 언어였다면 <기생충>의 아카데미상 수상 같은 사건은 이미 10년 전 벌어졌을 것이라 확신한다는 점이다.

'우리말이 표현력 최고'라는 생각에 닿자 그동안 우리나라에서 노벨문학상이 나오지 못한 것도 이해가 된다. 물론 내 생각이 반드시 정확한 진단은 아니지만 어느 정도 영향은 있었을 것으로 판단된다.

자연의 소리를 담고 그대로 입으로 표현하는 데 가장 큰 가치를 둔 우리 조상들은 우리말을 이처럼 발전시켰다.

지구상에 존재하는 언어가 단순히 소통과 설명을 위해 존재하는 건 아니다. 모든 언어는 느낌 역시 전달한다.

그러나 자연을 느끼고 자연과 소통하는 걸 목표로 삼아 발전해 온 한국어의 표현력은 무궁무진하다. 이 점이 다른 언어와 뚜렷한 차이를 갖는다. 한국어는 소통의 차원을 훌쩍 뛰어넘어 자연을 느끼고 표현하는 데 머물지 않고 자연의 일부인 사람을 느끼고 서로 이롭게 하며 수천 년을 이어온 언어다.

≈
한글의 발명은 지식의 민주화 시대를 활짝 연 역사적 사건

우리말의 표현력이 날개를 달기 시작한 사건은 바로 한글의 발명이었다.

소리를 옮기는 표음문자인 한글은 자연의 소리를 옮기기에 최고의 도구다.

인류 역사상 가장 위대한 알파벳으로 공인받은 한글은 세종대왕이 만들 때부터 기본적으로 세상에 존재하는 모든 소리를 표현하기 위해 만들어졌다.

한글로 쓰여진 「훈민정음」과 「직지심체요절(直指心體要節)」은 1997년 유네스코 세계문화유산에 등록돼 한글의 창제 가치가 높아졌다.

한글이 우수한 점은 바로 훈민정음(訓民正音)에 소리 음(音)이 들어 있다는 점이다. 언어와 관련된 책이라면 훈민정운(訓民正韻)이 더 올바른 표현이다. 소리 음(音)보다는 운율할 때 사용하는 운(韻)이 들어가는 게 더 적확해 보인다.

그러나 세종대왕은 바른 소리라는 뜻을 가진 정음(正音)을 사용했다.

바로 훈민정음이 인간의 언어뿐 아니라 자연에 존재하는 모든 소리를 표현할 수 있다는 자신감에 자연주의에 대한 철학적 판단을 담아 지은 것으로 판단된다.

훈민정음의 의미에서 출발하면 우리가 쓰는 언어는 자연의 소리 중 일부일 뿐이다. 다만 자연의 소리를 모두 정확하게 표현하려다 보니 한국말이 저절로 표현이 다양해졌다고 볼 수 있다.

한글은 1444년 만든 지 2년이 지난 1446년 정식으로 반포된다.

최근 131년 전인 대한제국 시절 고종의 영어 선생이었던 호머 헐버트(Homer Hulbert) 씨가 1889년 뉴욕 트리뷴에 기고한 글이 화제가 된 적이 있다. 그는 서양인으로 최초로 한글을 공부한 뒤 기고문에서 "한글은 표음문자로서 완벽하다"고 극찬한 바 있다.

외부의 시각, 특히 외국인의 눈으로 보면 어떻게 한글을 만들 생각을 했을까 경이롭겠지만 내부의 시각으로 보면 출발점은 이미 존재했다. 앞에서 한국식 자연주의를 언급한 바 있다.

나는 사실 한글이 음양오행 때문에 생각보다는 쉽게 만들어졌다고 보는 사람 중 하나다. 음양오행은 자연의 현상을 설명하기 위해 인간이 단순화시킨 수학 공식 같은 존재로 조선시대에는 누구나 아는 기본이었기 때문이다.

세종대왕은 아마 문자를 만들고자 할 때 바로 목화토금수(木火土金水)를 떠올렸을 것이다.

이 오행을 기본에 깔고 그 바탕 위에서 만들면 그게 가장 자연스럽고 조화스럽다는 판단이었을 것이다.

언어는 소리를 내는 것이고 문자는 그 소리를 기호화하는 작업이다. 그런데 소리를 내는 건 인간이나 짐승이나 모두 입과 혀 등을 이용한다. 음악에 궁상각치우(宮商角徵羽)가 있듯이 인간의 몸에 소리를 내는 기관으로는 아설순치후(牙舌脣齒喉 어금니, 혀, 입술, 이, 목구멍)가 있다. 당연히 아설순치후를 출발점으로 삼아 문자를 만들면 되는 것이다. 「훈민정음 해례본」에 아설순치후를 기본으로 문자를 만들었다고 이미 나와 있다. 즉 의외로 훈민정음의 출발점은 당시로서는 매우 단순했던 것이다.

≋

음양오행에서 나온 아설순치후

아(어금니)를 통해 기역이 나왔고, 설(혀)를 통해 니은과 디귿, 리을이 나왔다. 순(입술)에서 미음과 비읍이 탄생했고, 치(이)를 통해 시옷과 지읒 등이 나왔다. 마지막으로 후(목구멍)에서 이응과 히읗이 등장했다. 아설순치후는 바로 목화토금수의 상생 원리와 같다. 아는 목, 설은 화 등으로 순치환할 수 있다.

어쩌면 한글은 몇 달 만에 뚝딱 만들었을지로 모른다.

다만 그걸 다듬고 검증해 보고 만든 문자로 소리 나는 대로 적어 가며 다듬고 정리하는 데 수십 배의 시간이 더 걸렸을 것이다.

아무튼 한글의 등장은 현대의 표현을 빌리자면 '인터넷에 이은 민주적인 디지털 시대'를 열었다고 볼 수 있다.

누구나 쉽게 배우고 익힐 수 있는 한글은 인터넷처럼 '정보 또는 지식의 민주화'를 앞당겼고, 다른 한편으로는 표준화, 규격화, 단순화로 볼 수 있는 디지털시대를 연 것과 다름아니다.

즉 한글이 탄생하면서 한반도의 우리 조상은 이전에 맛볼 수 없었던 무한한 표현력으로 맘껏 생각의 깊이와 상상의 날개를 펼쳐 인간의 뇌가 이를 수 있는 한계까지 도전할 수 있는 문을 활짝 열게 됐다.

표현력 갑(甲)인 우리 말이 한글이라는 도구를 만나면서 날개를 펴자 날개의 길이는 자연적으로 늘어나게 된다.

바로 표현력에서 본격적인 경쟁이 시작된 것이다.

그리고 그 경쟁은 조선 초기부터 이어져 오던 판소리에서 시작됐으리란 것은 누구나 짐작이 가능하다.

판소리가 처음 기록에 등장한 건 영조 30년인 1754년으로 알려졌다. 당시 문헌에 처음 판소리인 <춘향전>이 등장한다.

한글이 반포된 뒤 300여 년이 지난 시기다. 그리고 그 중간에는 1592년에 발발한 임진왜란도 존재한다.

학계에서는 숙종 때부터 영정조 때까지를 판소리의 정착기로 판단하는데 내 생각으로는 고려 말 조선 초기부터 이어져 오던 광대소학지희(廣大笑謔之戱)가 초기 형태의 판소리로 보이며, 이를 기반으로 한두 마당이 만들어지고 이후 한글이 널리 쓰이게 된 1500년대 100년간 크게 발전하다가 임진왜란이 끝난 1609년부터 본격적으로 퍼지기 시작했다고 본다.

따라서 판소리는 임진왜란 이전 이미 대여섯 마당이 있었을 것으로 보이며, 전쟁이 끝나 평화의 시대가 도래하자 본격적으로 틀을 잡기 시작해 영정조 때 열두 마당이 완성된 것이 아닌가 판단된다.

역사책을 보면 우연히 동서양에서 비슷한 사건이 발생하는 경우가 있다.

1200년대에는 동서양 모두 무인(武人)의 시대가 휩쓸고 지나간 적이 있다. 고려도 무신정권이 등장했고, 몽골의 칭기즈칸(成吉思汗)도 이 시기의 인물이다. 서양에서는 십자군을 내세운 무력이 종교를 압도할 때다.

처음 탄생한 종합음악이라는 점에서 판소리와 서양의 오페라는 비슷한 음악 양식으로 볼 수 있다. 서양의 오페라는 1597년 이탈리아의 피렌체에서 역사상 처음 공연이 있었다. 바로크 음악의 전성기 때인데 조선에서 판소리가 막 자리를 잡은 때도 임진왜란 전후일 것으로 보여 역시 비슷한 시기에 비슷한 양식의 음악이 등장했다고 본다.

판소리는 혼자서 소설 하나를 처음부터 끝까지 말을 포함한 소리로 이어가는 방식이라 의성어나 의태어 등이 이때 많이 등장하고 발전됐을 것으로 본다.

한마디로 판소리 속에는 자연에 존재하는 모든 일상이 소리로 포함돼 있다. 얼마나 우리 언어의 표현력이 뛰어난지 알 수 있는 근거가 바로 판소리다. 판노래라고 하지 않고 판소리라고 하는 이유도 귀로 듣는 모든 것은 소리라는 철학이 담겨 있다고 본다.

"제가 소리 좀 합니다."

이 말은 지금은 의미가 좁아져 노래 좀 부를 줄 안다는 뜻으로 말하고 듣지만 100년 전까지만 해도 이 얘기는 "자연의 모든 소리를 낼 줄 압니다"와 같은 뜻이었을 것이다.

≈

한글 탄생 후 집단지성에 의한 표현력 무한 경쟁 시작

한글의 등장은 본격적으로 판소리가 체계적으로 구전이 아닌 기록으로 전해지는 계기가 된다.

우리말이 본격적으로 제대로 된 표기를 하기 시작했다는 의미고, 이때부터는 인간의 말뿐이 아닌 의성어, 의태어 등 자연의 소리조차 더 제대로 표현하고 전달되기 시작했다고 볼 수 있다.

특히 의성어와 의태어 세계에서는 그간 경험해 보지 않은 경쟁이 판소리를 통해 시작됐을 것이다.

예를 들어 누가 판소리에서 돌이 굴러가는 소리를 '데굴데굴'이라고 했는데 그게 이전의 어떤 표현보다 정겹고 사람들이 느끼기에 더 좋았다는 느낌이었다면 그때부터는 너도 나도 '데굴데굴'이라는 표현을 사용하며 기존의 표현을 대체했을 것이다.

이걸 요즘 말로 표현하면 '집단지성에 의한 진화'다. 집단이 어떤 주제를 가지고 토론하다 보면 생각지도 못한 아이디어와 다양한 해결책이 제시돼 결국 가장 최적의 답안이 도출된다는 의미다.

인류가 2000년대 인터넷 시대에 들어서야 발견한 방식을 우리 민족은 600년 전 한글을 장착하면서 시작했으니 얼마나 놀라운 일인가.

이처럼 자연을 닮아 무궁무진한 표현력을 가진 언어가 훈민정음을 만나 문자를 갖게 되자 저절로 집단지성이 발효된다. 한국어는 집단지성이란 또 다른 무기로 지금까지 무려 600년 이상을 갈고닦아 왔다. 지구상에 라이벌이 있을 수 없다. 독보적 존재일 뿐이다.

한글의 진짜 강점은 계속 발전하고 변한다는 데 있다.

조선시대에도 사용했겠지만 최근 두드러지게 발전하고 있는 독특한 표현이 있다.

두 가지인데 나는 이를 '자연칭'과 '의태어 문법(문장)'으로 부른다.

우리가 학교에서 배운 1인칭, 2인칭, 3인칭이라는 구분은 서양의 언어학이 들어오면서 생긴 구분법이다. 서양의 언어는 심지어 모든 사물을 여성과 남성으로 구분지어 문장을 만들기도 한다.

그러나 자연주의가 생활 속에 퍼져 있는 한국에서는 독특하게 '자연칭'이 존재한다.

순서를 바꿔도 인칭이 아예 없어도 뜻이 통하니 자연스럽게 발달했을 것이다.

'너를 사랑해.'

'사랑해 너를.'

'사랑해.'

모두 뜻이 통한다. 심지어 '사랑해'도 말하는 속도나 들어가는 감정의 크기, 어투 등을 통해 연인의 대화인지, 모자지간의 대화인지, 형제간의 대화인지 구분이 가능하다.

한국 생활을 오래 한 외국인들은 한국인들이 혼잣말을 하는 게 특이하다고 한다. 분명히 서양에서 더 발달한 연극에서 나오는 '독백'도 혼잣말의 하나인데, 서양의 독백은 연극의 전개상 필요한 구조로 삽입된 것으로 대부분은 한국 사람처럼 집에 혼자 있을 때 혼잣말을 하는 경우는 없다고 한다.

"할 수 있어."
"가 봐야지."
"진짜 그런가?"

이런 혼잣말도 인칭은 나타나지 않지만 자연칭에 가깝다고 볼 수 있다.
의태어가 들어가는 문장은 최근 언어 진화의 특징으로 보인다.

'모락모락'
'꿈틀꿈틀'

누구나 '모락모락'이란 말을 듣게 되면 '김이 모락모락'처럼 보일 듯 말
듯한 수증기가 위로 올라가는 모습을 떠올린다. '꿈틀꿈틀'도 마찬가
지로 어떤 작은 벌레가 움직이는 그림이 그려진다.
의태어가 섞여 문장이 만들어지면 새로운 형태의 한글이 탄생한다.

"그 사람 삐뚤삐뚤하니?(성격이 이상하니?)"
"그 많은 돈을 꿀떡했어?(혼자 챙겼니?)"

위의 문장에서 보듯 의태어가 들어간 '의태어 문법'이 늘어나고 있는
건 우리말이 진화하고 있다는 증거다.
최근에는 "커피 나가십니다"와 같은 사물존칭형도 등장했다. 마케팅
의 일환으로 시작된 만큼 의태어 문법만큼 진화하지는 않을 것으로
보이지만 이 또한 한글 진화의 일부로 볼 수 있다.

이 글의 결론으로 들어가 보자.

우리 언어는 자연의 모든 소리를 담으려 노력하는 선조에 의해 수천 년간 다듬어졌다. 거기에 더해 600년 전 모든 소리를 제대로 적을 수 있는 문자가 등장하자 '구전(口傳)의 시대'에서 '기록의 시대'로 접어들게 된다.

즉 이때부터 표현력 경쟁이 시작됐고 단어의 생존 경쟁이 본격화됐다.

본래부터 표현력이 풍부한 언어에다 쉬운 문자로 집단지성에 의한 단어 생존 경쟁까지 벌이니 우리말은 더욱 아름답고 자연스럽게 다듬어지게 된다.

표현의 다양함은 곧 창의성의 확대로 이어진다.

예들 들어 3옥타브를 부를 수 있는 가수를 위해서는 더 폭넓고 다채로운 노래를 작곡할 수 있다. 초기 54개의 건반이었던 피아노가 모차르트와 베토벤 시절 개량을 거치며 건반 숫자가 많아지자 그제서야 오케스트라와 함께 할 피아노협주곡이 만들어지게 된 것도 따져 보면 표현의 영역이 창의성에 영향을 준다는 사실을 알려 준다. 참고로 현재의 표준 피아노는 88개의 건반이 있다.

표현력이 무한한 언어와 문자.

이는 곧 한국어가 '예술에 최적화된 언어'라는 말과 다름없다.

국뽕식으로 말하자면 5000만 명 모두가 지구상에서 가장 예술가 기질을 가진 채 태어나고 성장한다는 의미다.

한류가 압도적인 경쟁력을 가질 수 있는 이유는 여기에서 시작됐다고 본다.

6

≈
동서양 문화의
절묘한 조화

: 서양 문명의 과감한 수용과 체득화로 현재의 문화 완성
: '홍익인간'에서 배운 좋은 것은 모두 받아들이는 열린 마음의 민족성
: 종교전쟁이 없는 유일한 국가

우리나라는 외부 요인으로도 문화적인 강점을 지닐 요소를 많이 지녔다.

반도국가라는 사실은 해양문화와 대륙문화를 골고루 소화할 수 있다는 얘기와 다름아니다. 그런데 위치도 위도 38도 전후라 봄, 여름, 가을, 겨울 사계절이 뚜렷하다.

여름옷도 만들어야 하고 겨울옷도 만들어야 하고, 난방도 해야 하고, 생선과 해산물도 먹어야 하고, 고기와 채소 등 땅에서 나는 음식도 먹어야 하니 얼마나 다양한 생각과 판단이 필요한지 알 만하다.

이런 특징 때문인지 우리나라는 외부 문화에 대해 배타적이지 않았다. 고려 500년, 조선 500년을 떠올리면 고루하고 보수적이라고 판단할

수 있겠지만 땅덩어리가 작아 정치적인 현상은 그런 결과가 나왔을지 몰라도 최소한 문화를 가늠하는 다양한 요소들에 대해서는 그렇지 않았다.

이미 신라시대부터 실크로드의 끝부분인 페르시아의 유리문명을 흡수했고, 수천 년간 선진국이었던 중국에서 좋은 점을 받아들이는 풍토를 유지했다. 중국의 선사상과 공자, 맹자의 가르침도 한반도 땅으로 올라와 더욱 발전했다.

근세에 들어와서는 심지어 중국을 통해 기독교까지 받아들이고 한반도에서 꽃을 피웠다.

250년 된 기독교 인구가 1700년 된 불교 인구 앞질러

기독교가 한반도 땅에 뿌리를 내린 건 의미가 있다.

지구상에 존재하는 양 극단의 종교가 만난 것이다. 양 극단이라고 표현한 건 100년 전까지만 해도 동양은 불교, 서양은 기독교라는 구분이 뚜렷했기 때문이다. 따라서 현재 한국은 불교와 기독교를 절묘하게 융합시킨 세계 유일한 국가가 됐다.

통계청의 자료에 따르면, 우리나라에서 가장 신자가 많은 종교는 개신교와 천주교를 합친 기독교다. 서양에서 전해진 종교가 우리나라 전체 종교 인구의 28%를 차지한다는 사실은 우리나라가 의외로 기독교의 영향력이 큰 나라라는 걸 의미한다.

2015년 기준으로 개신교는 967만여 명으로 종교 인구의 19.7%에 이른다. 불교는 762만여 명으로 15.5%, 다음은 천주교 389만여 명으로 7.9%다. 무종교라고 응답한 사람은 56.1%이니 최소한 2200만 명 정도는 종교를 가지고 있다 하겠다.

2021년 갤럽의 조사는 표본 수가 1500명밖에 되지 않지만 통계청 자료와 비교하면 종교 인구는 줄고 무종교 인구가 60%로 늘어난 것으로 나타났다.

아무튼 일본의 36년간 식민 지배에서 해방된 지 75년여가 지난 현재 우리나라는 기독교와 불교 두 개의 종교가 주류가 됐다.

서기 372년, 고구려 소수림왕 때 불교가 들어왔으니 우리나라의 불교 역사는 무려 1700년이나 됐다. 기독교는 서기 1700년대 말 쯤 중국을 통해 서학이라는 학문의 형태로 들어왔으니 겨우 250여 년이 됐을 뿐이다.

그러나 외부 문물이라도 홍익인간 정신에 따라 사람을 이롭게 하는 성격이 있다면 우리 조상은 기꺼이 받아들였다. 서양학문(西學)으로 불렸던 천주교는 조선시대 말경 박해를 받기는 했지만 결국 우리 땅에 뿌리를 내렸다.

평양은 특히 한때 동양의 예루살렘이라는 별칭이 있을 정도로 기독교의 도시가 됐다.

해방 이후와 한국전쟁 때 종교의 자유를 찾아 월남한 기독교인이 유독 많았고 그들은 분단된 남쪽 땅에서 종교활동을 이어갔다.

묘하게 초대 이승만 대통령이 기독교인이었고 이후 군사정권을 거친 뒤 김영삼, 이명박 두 명의 기독교인 대통령을 뒀으니 우리나라에서 기독교는 거의 토착화했다고 해도 틀리지 않다.

불교 역사가 1700여 년이라고는 해도 조선 500년은 사실상 불교억제책을 썼고 유교를 내세웠지만 한반도 여기저기에 20여 리마다 한 개 정도의 사찰이 널려 있었으니 불교가 우리의 마음 깊은 곳에 자리 잡은 것 또한 틀림없는 사실이다.

≈
불교의 자비에 유학의 성실함과 기독교의 사랑을 접목

그런데 나는 기독교가 자리를 잡은 데는 적대적이지 않고 부처와 자신을 동일시하는 불교의 포용력도 큰 역할을 했지만 우리 사회 전반에 자리 잡고 있던 유교(儒敎)의 영향도 아주 컸다고 본다.

조선시대 500년간은 유교를 내세웠는데, 유교는 종교 교(敎)가 들어가지만 사실 종교라고 하기에는 무리가 있다.

유교가 종교라면 공자(孔子)나 공자의 말씀을 믿어야 하지만 공자는 성인(聖人 아주 훌륭한 사람)이고 공자의 말씀은 내세나 영원한 삶보다는 현실 세계에서 어떻게 살아가야 하는지를 알려 주는 데 중점을 더 뒀기 때문이다.

유교, 즉 유학은 더 나아가 성리학으로 발전한 뒤 결국 '생활 습관'으로 우리나라에 자리를 잡았다.

유교는 부모님이 돌아가셨을 때 3년간 무덤 옆에서 시묘(侍墓)를 해야 하고 과부의 재혼을 금지하는 등 매우 현실과 동떨어진 내용도 있지만 개인으로 돌아보면 '자기계발', '스스로를 돌아봄', '끝까지 성실하게 노력함' 등을 추구하는 생활 태도를 권한다.

성리학이 나름 퍼졌을 초기에는 스스로 선비이고 스스로 지식인이라는 자부심을 가졌다면 "사람은 아무리 똑똑해도 부족한 부분은 있는 것이고, 따라서 죽을 때까지 공부하고 노력한다"는 마음으로 행동했을 것이다.

이 같은 흐름은 점차 민중에게까지 이어졌을 것이고, 이는 "우리에게 좋은 것이라면 뭐든 배워야 한다"로 이어져 기독교가 전해졌을 당시에도 서학으로 쉽게 받아들여졌을 것이다.

역사에서 알 수 있듯 처음 기독교가 우리나라에 들어올 때는 '천주교(天主敎)'가 아니었다.

서학, 즉 서양의 학문으로 들어왔고 '공부'라면 귀를 쫑긋 세우고 달려들던 사대부 선비들이 먼저 받아들였고, 이후 여성을 비롯한 민중에게 널리 퍼졌을 것이다.

외부에서 보면 유교와 불교의 국가였던 조선이 기독교를 받아들이고 250여 년이 지난 지금 한국인 중 1000만 명 정도가 기독교를 믿게 된 이면에는 "공부할 새로운 거라면 뭐든 좋다"라는 유교적 마음가짐도 한몫했음에 틀림없다.

기독교의 성공적인 정착이 불러온 좋은 효과로는 바로 아이러니하게 도 '과학적 사고의 확산'을 들 수 있다. 이미 천주교가 서학으로 불리 며 중국에 들어올 때도 천문학과 수학 등 서양의 과학과 함께 들어와 동양 사람들 입장에서 보면 '신기함'이 있었다. 이 또한 서양의 기독교 가 가진 배울 점 중 하나였다.

실제로 천주교가 들어와 천문학이 더 발달하자 우리나라에서도 홍대 용(洪大容 1731~1783)이 베이징(北京)에 60일간 다녀온 뒤 지동설과 우주무한설 등을 주장해 당대 조선 후기의 지식인들에게 충격을 주 기도 했다.

≈
아파트가 한국 땅에서 풍수지리를 혼냈다?

그러나 기독교로 시작된 서양 문물 중 가장 우리나라에 영향을 준 것 으로 나는 '아파트'를 든다.

산업혁명 후 연립 형태로 퍼지기 시작한 아파트는 결코 부자들이 선 호하는 거주 형태는 아니었다. 1900년 전후로 경제활동이 다양화되면 서 영국과 미국에서 새로운 주거 형태로 급성장하게 됐지만 해방 후 우리나라에 도입될 때만 해도 양옥이라고 하면 붉은 벽돌로 지은 고 급스런 집으로 선망의 대상이었지만 아파트는 서양식 집단주거 형태 로 크게 인기를 얻지는 못했다.

그러나 한국에서는 아파트가 좁은 땅에 많은 인구의 주거를 해결할 수 있다는 경제적인 논리로 인해 서울과 수도권에서 1980년대 말 대 거 공급되면서 서민들에게까지 점점 인기를 얻기 시작했다.

1988년 결혼한 나도 산본의 주공아파트에서 신혼을 시작했고 1년 뒤

서울의 상계동 아파트로 이사 가면서 지금까지 아파트에서만 생활하고 있다.

2015년 통계청 기준 전 국민의 53.12%가 아파트에 산다. 세종시 같은 계획도시는 아파트 거주 인구가 무려 73%나 된다.

한마디로 서양에서 들어왔지만 아파트는 온돌과 커뮤니티, 발코니 등으로 완전히 한국화됐고 국민들의 몸과 마음속으로까지 스며들어 이제는 "아파트에서 태어나고 살다 아파트에서 죽는 시대"가 됐다.

내가 한국이 '아파트'를 받아들인 중요성에 대해 의견을 던진 건 온돌과 커뮤니티 등 편리성 등으로 외국인들도 감탄사를 쏟아 내고 세계 건축학계가 주목할 새로운 주거 형태로 자리매김한 것을 말하는 게 아니다.

결론부터 말하면 아파트는 조선시대 이후 한국 사람들의 마음속에 뿌리 깊었던 '풍수지리 사상'을 없애는 데 큰 역할을 했다.

아파트가 전국으로 확산되던 1980년대 말부터 1998년 금융위기로 한국 경제가 휘청할 때까지 서점가를 사로잡은 장르의 하나는 바로 '풍수지리' 책이었다.

특히 최창조 전 청주사범대(현재 서원대) 교수가 쓴 「좋은 땅이란 어디를 말함인가(서해문집)」, 「한국의 풍수지리(민음사)」 등 풍수 관련 시리즈 책은 수십만 부씩 팔렸다. 더불어 재야의 고수들도 「호남의 풍수(백형모 동학사)」, 「하늘이여 땅이여 사람들이여(지창룡 자유문학사)」, 「영남의 풍수(장영훈 동학사)」 등 책을 내며 호황기를 구가했다.

2021년 현재를 보자. 서점에 풍수 책이 있는가? 전문가용은 있을지 모르지만 대중을 위한 책은 없다.

$$\approx$$

아파트는 사람의 덩어리, 산맥보다 더 기가 세다

당시 나는 풍수지리의 열풍을 보며 궁금증이 생겼는데 풍수 전문가들은 일반 사람들의 궁금증에는 거의 관심이 없었다. 어떤 이는 책을 쓰고 어떤 이는 재벌이나 정치인의 조상 무덤을 봐주는 데 더 바빴던 것이다.

나는 당시 스스로 풍수지리 책을 읽은 뒤 두 가지 결론을 냈다.

하나, 최고의 음택 명당은 달이다.

둘, 현 시대의 풍수에서 가장 큰 기는 아파트산(人氣山)이다. 따라서 아파트가 빠진 풍수는 의미가 없다.

풍수 책을 읽어 보면 음택(무덤)의 경우 앞이 확 트여 있고 햇빛이 잘

들며 막힘이 없는 곳이 명당이라고 한다. 그렇다면 지구상에서 볼 때 달보다 더 좋은 음택(무덤)의 명당자리는 없다.

다만 달에 갈 수 없어서 그렇지 나중에 인류가 달에 갈 수 있게 되면 아마 중국인들은 전 재산을 털어서라도 달에 무덤자리를 만들려 할지도 모른다.

어쩌면 현재 미국이 여전히 잘 나가는 이유도 달에 미국 성조기를 꽂아 놓고 와서 그런 게 아닌가 하는 생각도 든다.

최고 명당을 알고 나니 차선책인 지구의 명당은 그리 매력적이지 않았다. 내가 풍수에 관심이 있는 것도 아니고 조상묘를 이장시킬 계획도 아예 없었기 때문이다.

두 번째로 '아파트산'이라는 생각이야말로 한국인의 의식 속에 있던 풍수에 대한 개념을 완전히 바꿔놓은 사례다.

풍수 책을 보면 땅이나 산에도 기가 흐르고 좋은 기가 모이는 곳을 사람이 살기 좋은 곳이라고 말한다. 양택, 즉 사람이 사는 집에 관한 얘기인데 신혼 때부터 아파트에 산 내가 보기에는 한국 땅에서 가장 기가 센 곳은 아파트단지였다. 아파트가 생기면 사람이 10층, 20층 겹겹이 산다. 여기에는 갓난아이도 있고 노인도 있다. 남녀노소 모두 존재한다. 부자도 건강한 사람도 있고 그 반대의 경우도 아파트에 산다. 한마디로 나는 아파트를 사람의 기(氣) 덩어리로 봤다. 인기산(人氣山 아파트단지)보다 더 강한 기가 있을까? 태백산, 백두산, 한라산처럼 도시에서 떨어져 있는 산의 풍수를 보는 것은 옛날 풍수 책에서 배운대로 해석해도 가능할 수 있다.

그런데 서울, 인천, 부산 등 사람들이 많이 사는 도시의 풍수는 전혀 다르다고 본다. 논밭이 갑자기 아파트촌으로 바뀌면 그곳에 작은 인기산이 생긴다.

인기산은 기 흐름만 바꿔 놓지는 않을 것이다. 주변에 도로도 생긴다. 아파트단지 내에 학교도 생긴다. 단지 주변에는 식당과 공공시설이 들어서며 사람이 사람을 더 불러 모은다.

한마디로 아파트는 풍수로 보면 새로운 개념의 기 덩어리인 것이다.

현대 사회는 인간의 능력과 힘이 옛날 왕조시대와는 비교할 수 없이 강하다. 따라서 나는 아파트의 인기산(人氣山)에 관한 해석이 전혀 없는 풍수지리는 무의미하다고 결론을 내렸다.

풍수지리가 전혀 의미가 없는 건 아니다. 긴 흐름으로 보면 서울과 평양, 베이징, 상하이는 500년 뒤에도 큰 도시일 수밖에 없다. 그러나 작은 개념으로 접근하면 인간이 숨쉬는 100여 년간의 작은 변화 속에서 아파트와 같은 '새로운 풍수 시스템의 등장'은 다르다.

배산임수(背山臨水)가 명당이라는 건 예전의 해석이다. 뒤에 산이 있고 앞에 물이 있는 건 외적의 침입을 막고 항상 물 걱정 없이 농사를 지을 수 있기 때문에 사람이 살기 좋은 곳임에 틀림없다.

그런데 압구정 아파트가 배산임수인가? 강남의 아파트가 배산임수인가? 오히려 남산 아래 이태원과 그 아래 새로 들어선 반포대교 위쪽 용산미군기지가 더 명당에 가깝다.

≈
최고의 음택은 지구를 보고 있는 달

아무튼 아파트를 받아들인 한국인은 과감하게 풍수지리를 버렸다. 정확한 표현으로는 좀 더 객관적인 시각으로 땅을 바라보게 된 것이다.

일제가 처음 조선을 병합한 뒤 놀란 건 '지식인들의 풍수에 대한 믿음'이 지나치게 컸다는 점이었다. 따라서 조선총독부에서는 「조선의 풍수」라는 책도 내놓았고 한국인의 기를 죽이려 경복궁 앞에 조선총독부 건물을 지어 버렸고 말을 듣지 않는 대원군의 부친의 묘를 파내는 짓도 서슴지 않았던 것이다.

이 모든 한국인의 풍수에 대한 지나치고 종속적이었던 사고는 한국이 소위 아파트공화국이 되면서 사라져 버렸다.

나는 자의든 타의든 아파트가 한국인의 사고를 지배하고 있던 풍수지리에 대한 맹신을 지우는 데 결정적인 역할을 했다고 본다.

서양의 기독교와 과학, 동양의 불교. 거기에 겸손, 성실, 진실, 노력을 강조하는 유교적 관습까지 가진 한국은 지금 어떤 나라가 됐나?

세계에서 유일한 동서양 문화의 융합을 이룬 나라가 됐다.

'유일'이라는 단어에 주목하자.

소위 미국, 중국, 영국, 인도, 일본 등을 떠올려 보라. 그곳 사람들이 동서양의 문화를 한국처럼 잘 안다고 할 수 있는가?

서양 국가들은 동양에 깊게 뿌리내린 불교를 알지 못한다. 반대로 동양의 중국과 일본은 기독교가 뿌리내리지 못해 서양을 잘 모른다.

오직 한국만이 한국 사람만이 불교의 포용력, 유교적 성실함에 뒤늦게 받아들인 기독교의 사랑을 지니고 있다.

동서양의 문화 전반을 잘 알고 있으니 한국에서 만들어진 노래, 드라마, 영화 등은 전 세계 어디에서나 각광받을 수 있다. 지구인 모두가 공감하는 눈물 코드, 사랑 코드, 가족 간 우애 등은 한국 사람만이 만들 수 있고 그려 낼 수 있기 때문이다.

현재 K팝이 세계를 지배하고 드라마와 영화가 세계인의 눈물샘과 웃음을 유발하는 이면에는 바로 한국만이 가진 유일한 강점, '동서양 문화의 완벽한 융합'을 통해 문화를 말하고 듣고 표현하기 때문이다.

감히 말할 수 있다. 한국만이 그런 문화를 만들 수 있다고.

7

≈
사계절 뚜렷한
반도국가

: 대륙과 해양, 사계절을 통해 다양함, 표현력, 상상력 발전
: 800년전 고려의 진각 국사(眞覺國師), 세계 최초의 회문(回文)형 '사계절 시' 지어
: '강릉'은 '강의 무덤, 바다의 시작이란 뜻일까?'

한국만이 가진 문화적 특징을 찾다 보면 너무 다양한 요소가 등장한다.

병역 의무를 지는 남자들, 10대 때 경험하는 무한 경쟁, 군사적 휴전 상태 등 그냥 생각해도 끝없이 등장한다.

그러나 이 책에서 추구하는 기본에 대한 걸 추리다 보면 마지막으로 남는 게 사계절 뚜렷한 반도국가가 나온다. 사계절을 가진 나라도 많고 반도국가도 많지만 우리나라처럼 두 가지를 동시에 가진 나라는 없다.

알다시피 반도국가는 대륙과 해양의 장점을 모두 가질 수 있다.

말이 맘껏 달리는 초원과 쌀농사를 지을 수 있는 지평선이 보이는 옥

토를 떠올릴 수 있고, 동시에 동쪽 바다 수평선을 계속 가다 보면 미국에 다다른다는 사실과 바다 속에 수많은 먹을거리가 존재한다는 것도 알 수 있다.

사계절이 가지는 강점도 많다.

모든 계절을 보고 느낄 수 있다는 건 사고와 상상력의 극대치까지 갈 수 있다는 뜻이다. 다른 표현으로는 미적 감각이 뛰어날 수밖에 없다는 말과 같다.

게다가 더운 여름과 추운 겨울이 있어 연교차가 심한 것도 자연의 다양함을 더욱 넓히는 장점으로 작용한다.

서울의 연교차는 약 30도 정도 되는데 서울과 비슷한 곳으로 조금 덜 추운 곳은 부산, 도쿄(東京), 오사카(大阪)이고 좀 더 추운 곳은 베이징(北京)과 텐진(天津) 정도다. 유럽에서는 밀라노가 조금 덜 춥다.

그런데 강수 시기와 강수량도 한반도의 특징이다. 7, 8월에 무려 300밀리미터나 쏟아진다.

도쿄와 오사카 등 일본의 도시는 섬에 있어 비가 많이 내리는 기간이 길다. 베이징과 텐진은 서울처럼 7, 8월에 집중되지만 대륙 안쪽에 있어 강수량은 절반 정도인 150밀리리터 정도다.

즉 한반도의 뚜렷한 사계절은 계절만 뚜렷한 게 아니라 여름에는 열대처럼 비가 많이 오고 겨울에는 시베리아처럼 비가 없어 건조하다.

거기에 한반도는 길고 좁은 편이라 차로 한두 시간 거리에서 산과 바다를 모두 경험할 수 있는데다 겨울 산은 더욱 춥고 여름 바다는 덜 덥다.

한마디로 한반도의 사계절은 계절의 변화를 극단적으로 느낄 수 있는 지구 유일한 곳이다.

사계절이 뚜렷하다는 의미는 각 계절에 따라 맞는 음식, 주거, 행동이 있다는 것이고, 따라서 인간은 일생에 경험할 수 있는 최고 수준의 다채로움을 느낄 수 있다. 이 또한 표현력과 상상력의 발달뿐 아니라 결단력도 키우는 요소가 된다.

한반도가 반도국가임을 가장 극단적으로 나타내는 단어가 두 개 있다. 하나는 '사계(절)'이고, 다른 하나는 지명인 '강릉'이다.

2부_명품 한류를 만든 열두 가지

비발디와 도연명의 사계절 시, 계절의 뚜렷한 표현 부족

우선 사계절(四季節).

사계절을 느낄 수 있다는 건 인간이 스스로 자각해 자연을 이해하고 분해한다는 얘기다. 사계절이 지나면 한 살을 더 먹고, 봄이 되면 새해가 시작되고, 눈이 내리기 시작하면 한 해를 마감한다는 의미를 인간이 알기 시작했다는 의미다.

그런데 인간이 사계절을 인식하는 것도 쉽지는 않았을 것이다. 국가별로 위치가 달라 계절의 경계가 뚜렷하지 않은 나라가 많기 때문이다. 거기에 1900년대 초까지도 인간의 평균 수명은 40세를 넘지 않았었다. 물론 80세를 넘게 사는 사람도 존재했지만 당시에는 두세 살 이전인 영유아 때 죽는 경우가 아주 많아 평균 수명은 매우 짧았다.

우리가 현재 사계절, 또는 사계라는 단어를 보통명사처럼 쓸 수 있게된 건 비발디(Antonio Vivaldi 1678~1741)의 <사계(四季)>라는 음악이 한몫했다.

이전에 서양에도 봄이나 겨울 등을 노래한 시는 있었지만 사계절을 합해 곡을 붙인 건 비발디로 1723년경으로 보고 있다. 그런데 비발디는 기존의 사계절에 관한 소네트(짧은 시)에 곡을 붙였으니 실제로 이 소네트는 빨라도 1600년경에 존재했던 것으로 볼 수 있다. 인류의 문명 발달사를 보면 너무 늦은 느낌이다. 지금부터 겨우 400년 전이었다니.

그런데 인류 역사에서 사계절에 대한 정확한 인식은 한국이 가장 빨랐다.

'정확한 인식'이란 수식어를 붙인 이유는 그냥 사계절이 아니라 사계절의 제대로 된 특징과 진정한 의미를 말한다.

사계절에 대한 시는 약 1700년전 중국의 도연명(陶淵明 372-427)이 지은 사시(四時)가 지금도 전해진다. 그런데 '정확한 인식'이란 면에서 조금 부족하다.

春水滿四澤(춘수만사택)
夏雲多奇峰(하운다기봉)
秋月揚明輝(추월양명휘)
冬嶺秀孤松(동령수고송)

앞 첫 자를 춘하추동으로 시작한 것은 좋으나 사계절이라고 함은 봄 꽃, 여름비와 무더위, 가을 낙엽과 단풍, 겨울 바람과 흰눈이 진짜 계절을 대표하는 단어다.

그러나 중국은 워낙 넓은데다 큰 틀에서 계절을 느끼는 점이 부족해 도연명은 자신이 사는 곳의 사계절을 담았다.

봄은 봄비로 가득 찬 저수지를 그렸고, 여름은 산봉우리에 걸린 구름을, 가을은 밝은 달을 떠올렸으며, 겨울은 홀로 서 있는 쓸쓸한 소나무를 상징으로 떠올렸다.

이는 비발디의 사계를 봐도 마찬가지지만 그래도 도연명의 시보다는 나은 편이다.

비발디의 봄은 작은 새들의 노래와 꽃이 핀 들판의 양치기를 노래한다. 여름은 무더위의 지침과 폭풍우를 노래하고, 가을은 추수와 풍요로움의 축제와 더불어 사냥을 노래한다. 겨울은 매서운 바람과 얼음, 그리고 따뜻한 난로 옆을 그린다.

≈

거꾸로 읽어도 되는 회문으로 사계절 시 만든 진각 국사

한국은 어떨까.

지금까지 찾아본 바로는 우리나라에서 가장 오래되고 아름다운 사계에 관한 시는 고려시대 때 등장했다.

사계절을 아름답게 그린 시는 고려 명종(재위 1170~1197) 때 관직에 잠깐 있었던 김극기(金克己)가 썼고, 사계절이란 흐름을 잘 살려 세계 최초로 거꾸로 읽어도 되는 회문(回文)으로 시를 쓴 사람은 스님인 진각 국사(眞覺國師)다.

사료를 보면 김극기 거사가 10여 살 먼저 태어난 것으로 추정되는데 안타깝게 생몰 연도가 없다. 따라서 위의 두 개의 시를 누가 먼저 발표했는지 알 수는 없다. 다만 확실한 건 고려 명종 때 한반도의 강점인 사계절을 인식하기 시작했다는 점이다. 이후 고려와 조선시대까지 사계절에 관한 시가 쏟아져 나온다.

1178년(고려 명종 8년) 전라도 화순에서 태어난 진각 국사는 스스로 무의자(無衣子)로 불렀고, 스승으로 지눌(知訥)을 모셨지만 최씨 정권에서 불러도 관직에 나가지 않았으며 평생을 송광사(松廣寺)에서 대중 교화에 힘썼다. 그는 1233년(고려 고종 33년) 56세의 나이로 입적했는데 이후 고종은 그에게 진각 국사(眞覺國師)라는 시호를 내렸다. 그가 남긴 유고로 「무의자시선(無衣子詩選)」이 있는데 여기에 세계 최초로 회문으로 쓴 사시(四時)가 있다.

사실 사계(四季)는 일본에서 들어온 한자어다. 100년 전까지만 해도 사계(四季)라 하지 않고 사시(四時)라고 불렀다. 그래서 도연명의 시도 사시다.

진각 국사의 사시(四時)는 아마 송광사의 2대 주지로 있을 때 쓰여졌을 것으로 보이는데, 1210년 이후일 것으로 보여 1200년대 초반에 쓴 시로 봐도 무방하다.

花落傷春暮 鳥諦悲日斜 (화락상춘모 조제비일사)
家山好戀戀 何奈走波波 (가산호연연 하나주파파)

꽃 떨어지면 봄이 감을 아파하고, 새가 울면 해가 짐을 슬퍼한다
고향이 그리워 연연하나니, 어찌해야 빨리빨리 달려갈 수 있을까

花織日爍爍 汗下雨索索 (화직일삭삭 한하우색색)
可復走煙塵 甘自探湯鑊 (가복주연진 감자탐탕확)

불꽃이 타오르듯 햇살이 이글대고, 땀은 비오듯이 주룩주룩 흐른다
그럼에도 연진 속을 내달리고, 끓는 가마솥 더듬는 걸 스스로 달게
여기누나

木衰秋慘日 蟬窘夕悲風 (목쇠추참일 선군석비풍)
獨也古松鶴 榮辱奚汝同 (독야고송학 영욕해여동)

나뭇잎 떨어지는 가을의 서글픈 날, 매미도 처량하게 저녁바람 슬퍼
한다
홀로이 늙은 솔에 앉은 학아 세상의 영욕을 어찌 너와 함께하랴

澈寒清入骨 更深坐兀兀 (철한청입골 경심좌올올)
絕界心如何 潔愈雪中月 (절계심여하 결유설중월)

매서운 추위가 뼛골속에 싸늘히 스미는데, 깊은 밤에 오롯이 앉아 있다
경계 끊은 그 마음 어떠한고? 눈 속의 달보다 더욱 정결하도다.

- 유영봉 선생의 풀이를 옮김(「무의자시집」 을유문화사 1997년)

스님이 지었기에 비교적 인생의 쓸쓸함이 묻어 있지만 그래도 비발디나 도연명의 시보다는 사계절을 좀 더 잘 표현했다. 그런데 더욱 멋진건 바로 이 시가 회문(回文)으로 만들어졌다는 점이다.

회문이란 한자의 장점을 잘 살린 형식으로 거꾸로 읽어도 뜻이 통하도록 만든 글귀를 말한다. 내가 앞에서 '정확한 인식'이란 바로 한반도의 사계절이 뚜렷해 봄, 여름, 가을, 겨울의 풍경을 더 실감나게 그린데다 무엇보다 이 시를 회문으로 지었다는 데 있다. 진각 국사 스스로 '회문시'라고 밝혀 놓았다.

위의 첫 부분인 봄 부분을 회문으로 풀면 파파주나하(波波走奈何)로 시작되며 다음처럼 바뀐다.

부랴부랴 달려보면 어떨까나?
산속의 집이 몹시도 그립구나
저무는 해에 우는 새를 슬퍼하고
늦은 봄날에 지는 꽃이 안타깝네

얼마나 멋진가.

계절이 돌고 돎을 알기에 사계절을 노래한 시도 회문으로 지은 것이다. 중국에도 회문으로 사계절을 노래한 시가 있는데 진각 국사가 사시를 남긴 뒤 무려 450여 년이 지난 청나라 시대인 1600년대 여류 시인 오종애(吳宗愛)가 쓴 시다. 오종애는 1651년 태어나 스무 살의 짧은 생을 살고 1671년에 세상을 떠났다.

각 계절별로 열 글자로 썼고 나름 좋은 시였다. 그런데 시로서 아름다움은 김극기 거사의 전가사시(田家四時)가 더 멋있다.

같은 제목의 시가 두 개 있는데 짧은 시를 소개하면 봄은 이렇다.

草箔遊魚躍 楊堤候鳥翔(초박유어약 양제후조상)

풀 돋아나는 개울에는 고기들이 뛰놀고,
버드나무 둑에는 제비들이 난다

耕皐菖葉秀 饁畝蕨芽香(경고창엽수 엽무궐아향)

쟁기질하는 밭에는 창포 잎 돋고,
들 밥먹는 이랑엔 향긋한 고사리 순

喚雨鳩飛屋 含泥鷰入深(환우구비옥 함니연입심)

비를 부르는 비둘기들 지붕 위를 나는데,
진흙 문 제비는 들보로 날아드네

晚來茅舍下 高臥等羲皇(만래모사하 고와등희황)

저녁 무렵 찾아든 초가에서 베개를 높이 베니
태평 시절 복희씨 시대인 듯

- 풀이 미상(「김거사집」)

산속의 한가한 민가에서 바라본 계절의 모습을 잘 담은 수작으로 시 기적으로는 진각 국사의 시보다 조금 앞서서 발표된 것으로 추정된다.

강호사시가, 성산별곡, 사미인곡, 어부사시사 등 모두 사계절 시(詩)

이후 우리나라의 사시에 관한 시는 쏟아져 나온다.

고려 말에서 조선 세종 때까지 산 맹사성(孟思誠 1360~1438)이 강호사시가(江湖四時歌)를 남겨 봄, 여름, 가을, 겨울의 아름다움을 한자가 아닌 우리말로 노래했고, 이 영향인지 1500년대 후반을 산 정철(鄭澈 1536~1593)은 성산별곡(星山別曲)과 사미인곡(思美人曲)을 사계절에 맞춰 남겼으며, 1600년대 초반을 살며 효종의 스승을 한 윤선도(尹善道 1587~1671)도 '지국총 지국총'으로 유명한 어부사시사(漁父四時詞)를 지었다. 어부사시사는 특히 춘하추동을 각 10수씩 지어 총 40수로 꽤 긴 사계절 시로 남아 있다.

이처럼 우리나라의 뚜렷한 사계절과 바다와 대륙을 함께 생각할 수 있는 특이한 지형은 820여 년 전쯤인 고려 명종 때부터 본격적으로 인식해 아름다운 시로 남겨진 덕분에 현재 한국은 세계에서 유례없이 많은 사계절과 관련된 시를 가진 국가가 됐다.

두 번째 '강릉'이란 단어가 반도의 특징을 알리는 것이라는 내 주장에 의아함을 느끼는 사람이 있을 수 있다.

그런데 강릉이야말로 우리 땅이 대륙이나 섬이 아닌 반도라는 점을 가장 잘 알려 주는 지명이다.

예전부터 기자 생활할 때 궁금하던 것이 강릉(江陵)이란 지명이었다. 그리고 나름대로 지명의 실타래를 조금 알아챘다고 느끼곤 나중에 소설을 쓴다면 써먹어야지 하며 아껴뒀던 가설이다.

강릉의 릉(陵)은 '무덤' 또는 '언덕'의 뜻이다.

그런데 한반도에서 릉은 왕의 무덤을 지칭하는 데 주로 사용된다. 따라서 강릉은 '강의 무덤'이란 뜻이다. 상상력을 좀 더 편다면 '강의 무덤, 바다의 시작'이 된다.

강릉이란 지명은 1308년 고려 충렬왕 때 처음 생겨났다. 아마 충렬왕이 직접 지었지 않나 생각된다. 이전까지는 명주(溟州)나 하서량(河西良) 또는 아슬라(阿瑟羅)로 불렸다.

강릉이라는 지명은 매우 대륙적 시각에서 나온 지명이다. 강은 자연이지 생명체가 아니다. 그럼에도 무덤으로 표현한 것은 진정한 바다의 시작을 강조하려는 의미에서 지은 지명으로 보인다.

1236년 태어난 충렬왕은 세자가 된 뒤 10년 뒤인 1271년, 우리 나이로 무려 서른여섯 살에 원나라로 가 세조 쿠빌라이의 딸과 결혼한 뒤 귀국한다. 원나라 부마국의 왕, 쿠빌라이의 사위가 된 것이다.

그는 쿠빌라이의 사위이기 때문에 몽골의 주요 회의에도 참여해 원나라의 후계 구도에도 영향을 줄 정도였으니 큰 그림으로 세상을 보는 눈도 있었을 것이다.

충렬왕은 1278년에는 아버지 원종이 자신의 장인인 쿠빌라이에게 받아 낸 약속인 불개토풍(不改土風 고려의 풍습과 관습을 지킨다)을 내걸어 한반도에 있던 모든 몽골 군대와 다루가치(達魯花赤)를 돌려보내는 데 성공한다.

그리고 1308년 73세의 나이로 세상을 떠나기 몇 달 전 강릉부로 이름을 바꾼다.

어떤 이유로 강릉으로 바꿨는지는 알려지지 않았다.

대륙의 사위 충렬왕, 한반도를 사랑의 마음에서
강릉이란 이름을 지었을까

충렬왕은 중국에도 강릉이라는 지명이 있다는 건 알고 있었다. 서기 300년경 사람인 환관이 지은 「박물지(博物志)」에도 등장하기 때문이다.

소설 「삼국지」에서 유비의 촉나라 땅에 자주 형주(荊州)라는 지명이 등장한다. 형주성을 달리 부르는 이름이 바로 강릉이다. 양쯔(揚子)강의 동쪽에 자리잡은 마을로 양나라(梁 502~557년) 때 잠시 수도가 된 적도 있다.

그런데 중국의 강릉은 무덤 릉이 아닌 언덕 릉이다.

왜냐하면 기록을 보면 강릉과 형주 부근을 흐르는 양쯔강의 퇴적물이 강 양쪽으로 계속 솟아올라 자연적인 둑이 계속 만들어진다고 돼 있기 때문이다. 즉 중국의 강릉 주변에는 양쯔강의 자연둑이 매년 높아져 언덕처럼 보이긴 해도 '강의 무덤'으로 의심될 만한 자연 현상이나 특징이 없기 때문이다. 형주의 형(荊) 자도 강가에서 잘 자라는 광대싸리나무를 뜻하는 단어로 형주나 강릉 부근을 지나는 양쯔강 양쪽 둑에 광대싸리나무가 많았음을 알 수 있다.

충렬왕은 왜 강릉이라는 지명을 한반도에 가져오거나 넣었을까.

중국 대륙에서 생활한 적이 있는 그가 베이징에서 먼 호북의 강릉까지 갔다는 기록은 없다. 혹시 「삼국지」에서 영감을 얻은 건 아닐까 했지만 소설 「삼국지연의(三國志演義)」를 지은 것으로 알려진 나관중(羅貫中)은 1330년경 태어났으니 충렬왕이 죽은 뒤 18년 뒤의 인물이다.

원나라의 세계관을 알고 있는 충렬왕은 대륙과 다른 한반도의 특징이나 강점을 혹시 찾은 게 아닌가 생각된다. 당시 대륙에는 없는 제주도에서 몽골말을 길렀고, 자신이 왕위에 오른 1274년에 여몽연합군이 일본을 정벌했다. 그리고 6년 뒤 1280년에 다시 여몽연합군을 만드는 등 재임 기간 중 일본 원정에 대한 책임을 지며 군비와 군량 등 재정 지출도 상당했다.

따라서 쿠빌라이의 사위이지만 고려인이었던 그는 약소국인 고려가 그래도 대륙과 다른 점을 느꼈을 것이며, 이는 바로 바다였음을 깨달았을 것이다.

중국은 땅은 크지만 사실상 바다가 멀다.

중국에는 어마어마한 양쯔강(長江 6000킬로미터), 황허(黃河 500킬로미터), 헤이룽강(黑龍江 4000킬로미터)이 있지만 헤이룽강을 제외하면 이들 물길이 흘러 들어가는 곳은 중국과 한반도 사이의 황해다. 바다 해(海)자가 들어가 있긴 하지만 중국 대륙과 비교하면 턱없이 좁은데다 물도 탁해 중국 입장에서 보면 황해는 양쯔강이나 황허의 연장으로 보인다. 그냥 중국과 한반도 사이에 있는 짠물(?) 호수로 볼 수도 있다.

중국은 내륙에서 바다가 멀기에 드넓게 펼쳐진 모든 것에 바다 해(海)를 붙인다. 산해관(山海關)은 산의 바다가 시작되는 관문이라는 의미다. 베이징(北京)에서 동쪽으로 한참을 간 뒤 갑자기 산봉우리가 끝없이 보였으니 산해였던 것이다.

그런데 한반도 동쪽은 대륙으로서는 절대 감당할 수 없는 거대한 바다가 존재한다. 바다 건너 일본 원정을 해 본 몽골군이 가장 두려워하고 무서워하는 존재가 바다다.

이 같은 사실을 아는 충렬왕은 재임 중 개경(개성)으로부터 동쪽 끝으로 넓은 바다가 보이는 곳을 가봤을 것이다.

강화도 쪽 바다는 원나라와 가깝다.

그러나 동쪽 끝 예전 예맥국이 있었던 곳은 해가 어디에서 뜨는지 알 수 없을 정도로 바다가 끝없다. 충렬왕은 거기에서 '진짜 바다의 시작'을 느꼈을 것이다.

결국 한반도 땅, 고려를 사랑했던 충렬왕은 대륙에 대한 한반도의 자부심을 드러낼 생각으로 강릉이란 지명을 붙였던 게 아닐까. 대륙의 시각으로 볼 때 진짜 '바다의 시작'은 한반도의 동쪽일 수밖에 없기 때문이다.

어디까지나 추측이지만 난 강릉이란 지명은 한때 베이징에 살았고 원나라 공주와 국제결혼을 하고 이후에도 베이징을 오갔던 국제 감각이 뛰어난 충렬왕이 중국 대륙과 비교해서 고려가 가진 가장 뛰어난 한 가지를 떠올리는 과정에서 나온 지명이라고 본다.

충렬왕이 보기에 한반도, 그중에서도 짙푸른 동쪽 바다는 진정한 '바다의 시작'이었다.

그리고 그런 점에서 "중국 대륙의 모든 강은 한반도 여기에서 죽었다. 그리고 여기서부터 바다의 시작이다"라며 멋진 '강릉(江陵)'이란 이름을 지으며 자부심을 내세웠다고 본다.

사계절과 반도라는 두 가지 특징에서 보듯 한국은 지극한 다양성이 존재하는 곳이다. 어쩌면 자연어에 가까운 한글이 탄생한 것도 이 땅이 가진 '근본적인 다양함'이 밑바탕에 깔려 있기 때문일 수도 있다.

대륙의 선진 문물을 흡수하고 대륙의 모자람(바다 없음)도 느끼고 섬나라 일본도 가까이 두고 있는 한반도야말로 지구가 숨겨 놓은 문화 다양성의 보고일 수밖에 없었다.

묘하게도 반도를 특정짓는 두 개의 단어, 사계절과 강릉은 고려에서 시작됐다. 1200년 전후 명종 때 아름다운 사계절을 깨달으며 시가 등장했고, 100년 뒤인 1300년 전후 충렬왕이 강릉이라는 지명을 사용했다.

≈

한국 음식은 한국말과 비견되는 극강 표현력의 또 다른 문화

뚜렷한 사계절과 반도라는 장점이 낳은 또 다른 기막힌 문화가 바로 음식 문화다.

소와 돼지의 고기, 바다의 생선, 나물과 깻잎과 호박잎, 된장과 다양한 젓갈, 쌀과 감자와 고구마, 고추와 마늘, 다양한 기름 등은 한국 음식의 기본이다.

그런데 이들 음식 재료는 극단에서 존재한다.

더위에 상하지 않게 하려고 또는 추위에 더 길게 저장하려고 젓갈과 장을 만들고, 음식상에는 빨강, 노랑, 파랑 등 다양한 색으로 보는 맛까지 더한다. 심지어 음양오행을 통해 음식을 만들며, 편식은 나쁘고 골고루 자연의 모든 맛을 맛보는 것이 인간으로서 '신토불이(身土不二)'의 정신을 지키는 것이라고 믿었다.

게다가 여름에는 냉면과 삼계탕, 물회, 겨울에는 떡국처럼 계절 음식도 있고, 종교에 따른 사찰 음식도 따로 존재한다.

한마디로 한국의 음식 문화야말로 사계절과 반도의 특징을 가장 완벽하게 실천하며 발전시킨 최고의 걸작이다.

최근 세계적으로 한국 음식이 각광받는 이유도 동양적인 호기심에서 시작된 중국, 일본, 인도, 태국, 베트남 음식과 비교해 철학과 다양함, 인간적이란 면에서 '다른 무언가'를 제공하기 때문이라고 본다.

아무튼 한글과 한국말, 다채로운 음식이라는 다양성의 이면에는 뚜렷한 사계절과 반도라는 압도적으로 현실적인 다양함이 존재하고 있었다.

당연히 한국 문화의 장점이 됐다.

8

～
'하면 된다'의 진화,
빨리빨리 문화

: 시종의 중요성이 가미돼 효율적 시간관리 경쟁
: '느림의 극치' 선사상과 더불어 대척점에서 한국 문화 발전 이끌어
: 6.25전쟁 후 0에서 시작한 '살아남은 사람들의 능력 전쟁'

외국인들에게 한국 문화의 장점을 물어보면 대부분 '빨리빨리 문화'
는 빠지지 않는다.

공공기관에서 서류를 받거나 우체국에서 편지를 부치고, 택배로 물건
을 받는데 한국 사회는 날짜가 바뀌는 걸 허락하지 않는다.

서류는 통합 서비스로 몇 분이면 받아볼 수 있고, 우체국에 가면 소
포를 포장할 뽁뽁이까지 준비돼 있다. 택배로 물건 받는 건 경쟁이 더
심해져 새벽 배송까지 생겼다.

나는 해방 이후 최근 100년간 한국 문화를 바꾼 두 가지로 기독교를
과감히 받아들여 '동서양 문화 융합'을 이룬 것과 함께 한국전쟁 이후
등장한 '빨리빨리 문화'를 든다.

1960년 전후에 태어난 세대는 어릴 때부터 빨리빨리와 익숙했다.

어릴 때는 군사정권 시대라 '하면 된다'와 '새마을운동' 같은 단어를 함께 듣고 살았다. 이 중 '하면 된다'는 군사정권 시절에 사회 전반을 지배했다. 장단점이 있었지만 한국 사회가 서구화되고 경쟁이 심해지면서 좋은 쪽으로 바뀌어 현재의 빨리빨리 문화가 정착했다고 본다.

'하면 된다'는 과정보다 결과를 중시하는 군사문화의 잔재다.

1970년대까지도 여전히 휴전한 지 20여 년 안팎이 지났을 뿐이고 간첩과 공비(共匪)라고 불리던 무장한 북한군이 종종 남한에 등장하기도 했다.

1968년에는 그 유명한 김신조 사건도 있었다. 김신조를 비롯한 무장한 북한군 31명이 박정희 대통령을 죽이기 위해 청와대 뒤쪽 세검정까지 넘어와 총격전이 벌어지기도 했다. 31명 중 29명은 사살됐고 민간인까지 30명이 죽은 큰 사건이었다.

이처럼 남북한 군사 대치 시대라 '하면 된다'와 같은 군사문화는 어느 정도 사회가 용인하며 넘어갔다. 그러다 1980년대 후반 민주화가 되고 민간 정부가 들어서면서 한국 경제와 사회, 문화에도 질적인 변화가 일어나게 된다.

≈
최근 100년간 한국을 바꾼 두 가지는
동서양 융합과 빨리빨리 문화

2000년대 초반 이후 과정을 무시하고 결과만 집착하는 일그러진 기업과 사회에 대한 비판이 시작됐다. 이는 '과정 무시와 결과 중시'에서 필연적으로 파생되는 '부패'에 대한 국민적 저항이 시작됐음을 의미하기도 한다. 이는 한국민들이 민주주의를 사회를 투명하게 만드는 도구로 사용하기 시작했다는 뜻이기도 하다.

결국 시간이 더 흘러 한국이 잘살게 되고 남녀 평등과 인간을 중시하는 민주주의가 사회로 스며들면서 이제는 과정까지 중시하는 문화가 정착됐다.

최근 끝난 도쿄올림픽에서는 금메달이 아닌 선수들의 스토리에 국민들은 박수를 더 보냈다.

도쿄올림픽의 가장 큰 영웅은 악조건 속에서 최선을 다한 여자 배구팀과 육상 높이뛰기 우상혁 선수다. 동메달 바로 아래인 4위지만 국민들은 가장 크게 박수를 쳤다.

그다음이 메달을 딴 선수들이고 마지막 최악의 손가락질을 받은 종목은 바로 인기 스포츠인 야구였다.

이번 올림픽은 '엔조이 올림픽의 시작'이라는 언론의 별명도 얻었다.

이제 대한민국 국민은 국가대표가 반드시 메달이나 병역 혜택을 위해 존재하지 않고 건강한 사회를 만드는 소중한 하나의 축으로 역할을 해야 한다고 믿는다.

2021년 현재 한국의 빨리빨리 문화는 도쿄올림픽에서 봤듯 과거의 부작용을 모두 전멸(?)시키고 과정과 결과를 모두 잡는 '국제적으로 경쟁력이 있는 문화'가 됐다.

빨리빨리 문화는 군사문화에서 시작됐지만 돌이켜 보면 두 가지 요인이 우리 국민들로 하여금 받아들이게 만들었다고 본다.

첫 번째는 6.25전쟁이다.

1950년에 터져 3년 뒤 휴전협정까지 3년간 한반도 땅에서는 무려 450만 명 정도가 죽는 어머어마한 사건이 벌어졌다. 유엔의 16개국이 남한을 돕고 중국이 북한을 도왔으니 국제전쟁이 돼 버렸다.

이 기간 동안 남한 땅의 산업시설 중 43%가 사라졌다. 주택도 33%가 파괴됐다.

한마디로 대한민국은 전쟁으로 인해 쪽박을 찬 것이다. 아무것도 없는 세상이 됐다.

아무것도 없는 세상이란 다른 말로 '제로 상태'와 같다. 즉 살아남은 사람들의 지적 재산과 인생 경험만 남은 세상이 된 것이다. 심지어 양반, 상놈도 없어지고 부자와 가난한 자의 구분도 희미해졌다.

제로 상태에서는 누구든 부자가 될 수 있고 누구나 기회를 포착하기 쉽다.

살아남은 사람들도 이걸 안다. 게다가 일본이나 서구의 흐름을 아는 사람이라면 한국 땅에 무엇이 필요한지 어떻게 흘러갈 것인지도 안다.

결국 전쟁이 끝난 한국 사회는 무한 경쟁의 시대로 돌입했다. 누구나 0에서 100을 만들 수 있는 사회가 되자 누가 잠을 적게 자면서 노력하느냐에 따라 미래가 결정됨도 느꼈다.

군사정권의 '하면 된다'는 구호는 이 같은 사회 분위기에 기름을 붓는 역할을 했다. 따라서 누구라도 과정보다는 결과를 더 중시하게 됐다.

≈

시종 중시 사상이 빨리빨리의 과정과 결과를 업그레이드

두 번째는 바로 뒤 쪽 9번 째 「성학십도」에서 설명한 '시종(始終)'을 중시하는 문화'다.

시종을 중시하는 문화가 삼성그룹의 업의 문화를 만들었다고 설명했다. 그만큼 한국 사회에 영향을 준 사고다. 그런데 시종을 중시하면 자연스럽게 따라오는 게 '시간의 중요함을 인지'하는 것이다.

일에 시종이 있다는 건 인생에도 시종이 있다는 것을 인식한다는 얘기다. 즉 살아 있는 동안 자신의 꿈을 이루기 위해서는 얼마나 시간을 효율적으로 관리해야 하는지 저절로 알게 된다.

한국전쟁으로 모든 것이 파괴됐다. 남은 건 살아남은 사람들의 능력인데 그 능력도 수명이라는 운명을 피해 가지는 못한다.

결국 사람이나 조직이나 시간을 효율적으로 사용하면서 결과를 내는 과정을 디자인하게 됐다. 과정의 디자인이 먹고 살기 바쁠 때는 엉성하고 객관적이지 못했지만 2010년 이후 한국이 선진국의 문턱까지 진입하자 '과정까지 괜찮은 결과'로 표출되기 시작했다.

「더 밸류스 컴퍼스(The Values Compass)」를 쓴 만딥 레이(Mandeep Rai) 박사는 한국 문화의 가장 큰 특징으로 '빨리빨리 문화'를 꼽았다. 해외의 조사를 인용해 한국은 1분간 평균 56계단을 오르며 연평균 2069시간을 일하지만 잠은 일주일에 469분을 잔다고 강조했다.

이에 비해 계단 오르기를 보면 일본은 35계단, 영국은 29계단이고, 일하는 시간은 일본은 1713시간, 독일은 1363시간이다. 잠자는 시간도 프랑스가 530시간, 미국이 518시간이다.

즉 한국인은 지구상에서 가장 잠을 적게 자면서 일을 많이 한다. 이를 '지나친 경쟁'에 따른 부작용으로 보는 시각도 존재한다. 그러나 레이 박사는 빨리빨리 문화를 주목할 만한 긍정적인 문화로 봤다.

실제로 빨리빨리 문화는 '시간관리를 통한 극도의 효율성 확보'가 가능하다.

한국과 비슷한 경제력을 가진 유럽과 비교하면 우리나라 음식값이 아주 저렴하다는 건 정설이다. 한국에서는 평범한 식당을 기준으로 한 끼에 1만 5000원 이내의 음식이 대부분이라면 유럽에서는 3만 원 이내로 한국보다 두 배 정도 비싸다. 물을 공짜로 주는 것과 직원들의 서비스

질까지 포함하면 한국의 한 끼 식사비는 더욱 저렴하게 느껴진다.

나는 한 끼의 가격을 산정하는 방식은 한국이나 유럽이나 같다고 본다. 재료비에 인건비, 임대료, 주변 경쟁 식당의 가격까지 포함해 결정한다.

그런데 한국의 음식값이 싼 이유는 바로 건강한 빨리빨리 문화가 작동되기 때문이라고 본다.

한마디로 품질을 놓치지 않으면서 사람들 모두가 열심히 일하니 한국의 식당은 회전율이 빠르다. 한국 식당에서 같은 점심시간에 100그릇을 판다면 유럽은 채 50그릇이 안 될 것이다. 그런데 인건비나 임대료 등이 비슷하다고 본다면 한국의 음식값이 유럽에 비해 싸더라도 돈벌이는 비슷하게 유지할 수 있다.

식당만 그런 게 아니다.

10년 전까지만 해도 한국의 직장인이 쓸데없이 직장에 오래 앉아 있는다는 얘기가 있었다. 즉 서구와 비교해 일의 생산성과 시간관리의 효율성에서 떨어진다는 진단이었다.

그러나 이 또한 지금은 많이 개선됐고 임계치를 넘기자 애초에 잠을 덜 자고 집중해 일을 하는 한국인의 특성이 강점이 돼 국제적인 경쟁 요소로 떠올랐다.

요즘 일과 삶의 균형을 추구하는 '워라밸(work-life balance)'이 유행이지만 이를 제대로 실천하려면 시간을 효율적으로 관리하는 것이 필수다. 외국의 사례와 1대1로 비교해 보면 아마 한국인만큼 워라밸을 제대로 즐기는 민족도 드물 것으로 본다.

빨리빨리 문화가 정착돼 한국인의 실생활을 바꿔 버린 현상도 생겼다. 바로 아파트 문화다.

앞서 '동서양 문화 융합'에 포함시켜 설명했지만 서양이 발명한 아파트는 현재 대한민국을 상징하는 심볼이 됐다.

아파트는 폐허가 돼 버린 한국 땅에 빨리 주택을 공급하기 위해 도입한 '빨리빨리 문화'의 대표적인 산물이다. 그러나 이제 효율과 과정, 결과까지 투명하고 경쟁력을 갖추게 되자 한국 땅의 아파트는 세계적인 기준으로 봐도 '인류가 지향해야 할 커뮤니티 공간의 모범'의 하나로 재발견됐다.

앞에서 아파트가 한국의 고질적인 '풍수지리 문화'를 희석시키는 데 결정적인 역할을 했다고 한 바 있다. 여기에 더해 아파트는 가장 한국적이고 가장 한국 사람에 적합하며 가장 한반도에 적합한 주거 형태로 거듭났다.

빨리빨리 문화가 좋은 방향으로 개화하며 결국 한국은 선진국이 됐다.

지난 7월 초 유엔개발기구(UNCTAD)는 회의를 거쳐 만장일치로 한국을 선진 31개국이 포함돼 있는 B그룹으로 옮겼다. 그동안 개발도상국들이 대다수인 A그룹에서 운크타드 설립 이래 57년 만에 처음 있는 일로 전쟁의 폐허로부터 불과 70여 년 만에 한국은 선진국으로 자리매김한 것이다.

한국은 이미 선진국으로 대접받고 있다. 자존심이 상한 일본만 인정하려 하지 않을 뿐 멀리 떨어진 미국은 전 트럼프 대통령이 대놓고 '왜 한국이 개도국이냐'고 불만을 표출했을 정도다.

이미 2020년과 2021년 2년 연속 G7정상회담에 한국은 초청국으로 참석해 지구의 중요한 문제에 대해 목소리를 내고 있다.

≈

빨리빨리와 느림의 미학 선사상이 공존

빨리빨리 문화는 다른 의미에서 한국 문화에서 균형을 잡아주는 역할도 했다고 본다.

앞에서 나는 한국식 자연주의와 함께 선사상도 한국인의 마음속 깊은 곳에 뿌리잡은 문화임을 말한 바 있다.

빨리빨리의 대척점은 선사상이다.

올해는 지난 5월 26일부터 하안거가 시작됐고, 동안거는 11월 19일부터 시작된다.

한국 문화 속에 시간의 쾌속(빨리빨리)과 정지(선사상)가 동시에 존재함은 축복이다. 어느 한쪽에 치우치기 쉬운 사회 구성원의 중심을 잡아 주는 역할을 하기 때문이다.

바쁘게 살다가 일요일에 교회나 절에 가는 것은 빠르게 돌던 피를 잠시 쉬게 해 주는 역할과 같다. 피가 돌지 않으면 안 되지만 표현상 '삶의 쉼표' 역할을 종교가 해 줌으로써 인간에게 돌려주는 이로움이 적지 않다고 본다. 물론 다른 나라에도 종교가 있고 휴일이 있지만, 한국처럼 건강한 빨리빨리 문화는 대척점의 길이를 더 늘리는 역할을 한다. 그만큼 효과가 더 크다는 얘기다.

한국전쟁 후 아무것도 없는 상태에서 살아남은 사람들은 기회와 꿈을 잡기 위해 시간과 싸움을 시작했다. 그 과정에서 군사정권의 '하면된다' 정신은 결과를 위해 과정을 희생하는 역효과도 있었지만 한국 사회가 민주화되고 진화하면서 '최상의 빨리빨리 문화'로 재탄생했다. 여기에 선사상과 더불어 빨리빨리 문화는 균형 감각까지 갖춘 한국을 대표하는 문화상품이 됐다.

9

≈

「성학십도」에서 배운
시종 중시(始終重視) 문화

: 건강한 선비정신을 만든 퇴계 이황의 「성학십도(聖學十圖)」
: '우주의 시작부터 나의 죽음까지'가 공부의 시작
: 삼성이 중시하는 '업(業)'의 문화의 출발은 「성학십도」

서양에서는 한국을 유교의 국가로 부르기도 한다. 가장 유교적인 색채가 지금까지도 남아 있다고 보기 때문이다.

실제로 조선시대 500년 동안 왕들은 성균관의 공자 사당에서 공자(孔子)를 모셨고, 조선 팔도의 향교에서는 공자를 비롯해 선현들에게 올리는 큰 제사를 매년 5월 11일과 9월 28일에 올린다.

현재 성균관대학교는 공자 탄생일인 9월 28일이 공휴일로 쉰다.

그러나 유교는 정확하게 보면 종교는 아니다. 살아가는 방식에 대한 질문과 답변이다.

나는 유학(儒學)으로 우리나라에 들어와 유교로 명칭이 바뀐 공자와 맹자의 사상을 이제는 정확한 시각으로 바꿔 봤으면 한다. 이름도 바

꾸면 좋겠다.

마침 500여 년 전 퇴계 이황(李滉) 선생이 좋은 이름을 지었다. 바로 '성학(聖學)'이란 단어다. 공자와 맹자(孟子), 묵자(墨子) 등 2000년 전 동양의 사상가들의 사상을 퇴계는 묶어서 성인들의 학문이란 뜻으로 성학이라고 불렀다.

나는 현재 세계에서 각광받는 우리나라 사람들의 행동양식이 바로 이 성학에서 비롯됐다고 본다. 그리고 성학은 조선시대를 거쳐 지금까지 이르는 동안 알게 모르게 지식인들은 물론 일반 사람들의 행동양식에도 영향을 줬다.

나는 현재의 한국 문화에 지극히 큰 영향을 준 이 행동양식을 큰 틀에서 '선비정신'이라고 부르고 싶다.

인터넷이나 유튜브를 보면 외국인들이 놀라는 한국인의 행동양식이 있다.

"남의 물건에 손 대지 않는다."

"불우한 사람을 보면 모두 달려들어 돕는다."

"자신도 중요하지만 위기 때는 사회나 국가를 먼저 생각한다."

"교육의 가치를 세계 평균보다 과도하게 높게 평가한다."

"아무리 똑똑해도 더 뛰어난 남을 생각하며 겸손을 유지한다."

"어느 특정 사상 등에 함몰되지 않고 항상 경계하며 중심을 잡으려 노력한다."

"맛, 멋 등을 대할 때 진심으로 좋은 것을 받아들이고 최고를 지향한다."

유교보다 성학으로 부르는 것이 바람직하다

나는 이런 좋은 행동양식이 모두 선비정신에서 비롯됐다고 본다. 물론 좋은 의미의 선비정신이다.

'선비'란 사전적 해석으로는 "학식이 있으나 벼슬을 하지 않는 사람" 또는 "학덕을 갖춘 이를 예의를 갖춰 부르는 말"이다.

지금 시대로 본다면 '교양 있는 지식인'이 가장 적합한 표현인 듯하다.

옛날 선비들은 체면을 중시하고 남성우월주의를 가졌다. 지금 시각으로 보면 분명 '꼰대'에 해당되고 고루한 점도 있었다.

삼강오륜(三綱五倫)을 꼭 지키려 노력했던 것도 사실이다.

임금과 신하, 어버이와 자식, 남편과 아내 사이의 지켜야 할 도리가 삼강이고, 오륜은 부자유친(親), 군신유의(義), 장유유서(序), 부부유별(別), 붕우유신(信)으로 주로 사람 간의 관계에서 무엇이 중요하고 어떻게 대할 것인가를 말한다.

현재 50대 중반 이상의 국민이라면 초등학교 시절 삼강오륜을 들으면서 자랐을 것이다. 그러나 지금은 삼강오륜을 모르는 국민이 더 많을 것이다. 그럼에도 불구하고 생활 속에는 여전히 남아 있다.

이 중 가장 많이 남아 있는 건 '장유유서'다. 어른과 아이는 순서가 있다는 뜻으로 어른에 대한 공경의 행동이 가장 많이 남아 있다.

식사 때 어른이 먼저 수저를 든다거나 어른과는 맞담배를 피우지 않고 어른에게는 두 손으로 술잔을 받으며 고개를 돌려 마시는 것, 모두가 장유유서의 습관이다.

이 밖에도 부모에게 존댓말을 쓰고, 부부간에도 반존대어를 쓰며 친구나 아는 사람을 정으로 대하는 것 등도 모두 예전 삼강오륜의 흔적들이다.

시대가 바뀌어 비록 선비라는 의미가 퇴색하긴 했어도 선비의 덕목 중 가장 가치 있는 건 '죽을 때까지 배우는 것'이다.

스스로 겸손함을 유지하니 가능한 일이지만 무덤에 들어가기 전까지 배운다는 정신은 결국 어떤 일을 하든 성심을 다하고 100점짜리를 지향한다는 의미와 같다.

나는 '선비정신'이 현재 한국인의 행동방식을 결정지은 큰 요인으로 본다.

≈
어린 선조에게 바치는 이황 선생의 잠언집(?)

그렇다면 이런 선비정신은 어디에서 왔을까?

우리 조상은 고려시대, 아니 삼국시대부터 학당에서 사서삼경을 가르치고 배웠지만 나는 좋은 의미의 선비정신이 한반도 땅에 뿌리를 내린 계기는 500여 년 전 퇴계 이황(李滉 1501-1570) 선생이 지은 「성학십도(聖學十圖)」에서 시작됐다고 본다.

「성학십도」는 퇴계가 열여섯 살의 어린 나이로 왕에 오른 선조(재위 1567~1608)를 위해 지어 올린 차(箚 신하가 왕에게 올리는 글)로 신하로서 왕에게 어떻게 세상을 다스릴까에 대해 도움을 주고자 만들었다. 선조는 재위 2년째인 열일곱 살에 이 「성학십도」를 받았다. 「성학십도」는 퇴계가 열 개의 그림을 그린 뒤 그림을 설명하는 형식으로 된 책이다.

「성학십도」처럼 신하가 왕에게 어떤 가이드책을 만들어 바친 사례는 중국에서 시작됐고, 중국에도 사례가 많다.

당나라 현종은 장구령(張九齡)으로부터 금감록(金鑑錄), 송경(宋璟)으로부터 무일도(無逸圖)를 받았고, 당나라 경종은 이덕유(李德裕)로부터 단의육잠(丹扆六箴)을 받았다. 남송의 진덕수(眞德秀)도 빈풍칠월도(豳風七月圖)를 왕에게 바쳤다.

그런데 중국의 차와 「성학십도」는 접근법이 전혀 다르다.

중국의 차를 보면 역대 정권의 잘잘못을 적어 후대의 거울로 삼게 한 금감록, 하지 말아야 할 것들을 정리한 육잠이 있지만 나머지는 꼭 왕을 위한 것은 아니었다.

반면 「성학십도」는 임금의 자리가 워낙 중한 자리이므로 마땅히 알아야 할 것, 해야 할 일과 마음가짐 등을 집대성한 책이다.

거창하게 이름 자체에 성학(聖學)이 들어간다. 성학은 성인의 학문 또는 성인이 되기 위해 배워야 할 것들이란 뜻이 들어 있다.

한 나라를 다스려야 할 임금이라면 현자(賢者)로는 부족하고 최소한 공자나 맹자나 주자(朱子)처럼 성인이 돼야 한다는 뜻이 담겨 있다고 하겠다.

그런데 열 개의 그림을 보면 깜짝 놀라게 된다. 열 개의 그림은 그야말로 이전 동양의 성인들의 모든 지식과 지혜를 집대성해 놓았다. 심지어 성인의 시대 이전부터 내려온 우주 탄생의 비밀인 빅뱅(big bang)부터 그림은 시작한다.

첫 번째 그림은 태극도(太極圖)다.

태극은 태극기에서 보듯 누구나 음양의 상징임을 안다. 태극도에는 그림이 다섯 개 있다. 원 – 태극 – 오행도 – 원 – 원이다. 둥근 원이 세 개 있는데 모두 의미는 다르다.

첫 번째 원은 태극 이전의 상태를 나타낸 것으로 우주의 빅뱅 직전을 의미한다. 완벽하게 균형을 맞추고 있던 에너지가 움직이자 에너지가 서로 다른 음양이 생기며 빅뱅이 시작한다. 음양으로 태극이 생긴 뒤 시공간이 넓어지자 서로 다른 성질이 견제하고 상호작용을 시작하는데 그게 오행(목화토금수의 성질)이다.

오행 이후의 원은 다시 두 개인데 첫 번째는 오행이 움직이자 드디어 형상을 갖춘 존재들이 등장하는데 남녀 양성의 사람이 탄생하고 이어 두 번째로 만물이 탄생한다.

태극도에서는 빅뱅 이전의 상태나 사람이나 만물을 모두 같은 원으로 표현했다. 같은 존재라는 의미다.

≈

빅뱅부터 시작한 「성학십도」의 의미

나는 「성학십도」에서 태극도가 시작인 걸 의미 있게 본다. 어떤 일이나 사물을 대할 때 시종(시작과 끝)과 근본의 중요성을 강조한 것이기 때문이다.

심지어 삼성그룹의 문화가 여기에서 시작됐다고 본다.

삼성그룹은 현재 세계 최고의 기업이다. 삼성전자가 가진 반도체의 파워는 세계를 좌지우지한다. 중공업에서 만드는 선박과 물산에서 짓는 고층빌딩도 세계 최고의 수준을 자랑한다.

그런데 삼성에는 다른 그룹에 없는 특이한 문화가 하나 있다.

바로 '업의 본질'을 파악하는 일이다.

요즘은 신규 사업에 진출하지 않기에 좀 덜할 수 있지만 30년 전까지만 해도 삼성은 증권, 중공업 등에 새로 진출했다.

삼성은 이때마다 "이 신규 사업에서 업의 본질은 뭘까"를 끝없이 고민하고 토론했다. 몇 달이 걸리더라도 다양한 생각과 접근을 모아 업의 본질을 파악해야만 이후 신규 사업을 할까말까를 결정해야 했기에 답답할 정도로 의사결정이 늦는다는 평가도 들었다.

여기에서 말하는 업(業)은 굉장히 철학적이고 묘한 단어다. 사업(事業)이란 단어에도 들어가고 업보(業報)라는 단어에도 들어간다.

나는 '업의 본질'을 파악하려는 노력이 바로 이병철 회장의 창업 철학의 정수라고 본다.

일의 시종(始終)에서 시작점을 한없이 고민하고 해부해 보고 저 방법으로 생각해 보고 한번 더 뒤돌아보고 하는 지극히 긴 과정을 거친 뒤 만족할 만한 해답은 아닐지라도 현 상황에서 존재하는 모든 가능성을 파악했다고 인정하고 안심이 좀 돼야 그때부터 행동에 나선다.

따져 보면 성인들의 학문을 집대성하는 데 태극도가 왜 필요한가.

공자의 사상을 알 수 있는 「논어(論語)」부터 시작해도 된다. 그러나 퇴계는 태극도부터 넣었다. 공자와 맹자의 사상의 출발점이 우주의 탄생과 태극, 음양, 오행으로 이어지는 천지나 인간과 만물의 탄생부터 시작됐다고 봤기 때문이다.

태극도는 우리 조상이 일을 대하는 첫 번째 마음을 대변한다. 그리고 일에서 시종의 중요성을 특히 강조하는 그림이며 의도된 배치라고 본다.

1910년에 부잣집 도련님으로 태어난 이병철 회장은 분명 사서삼경을 배웠을 것이고 「성학십도」도 알고 있었을 것이다.

왜냐하면 삼성그룹의 '업의 본질'을 캐는 일이 바로 「성학십도」에서 첫 번째 그림인 우주가 어떻게 탄생했는가를 고민하는 것과 닮았기 때문이다.

다시 말해 삼성의 창업 이념과 「성학십도」가 연결돼 있음은 의심의 여지가 없다고 본다.

두 번째 그림은 서명도(西銘圖)다.

태극도에서 우주의 탄생을 그렸다면 서명도에서는 하늘과 땅 사이에서 인간과 만물이 탄생했음을 알린다. 그리고 만물은 인간과 더불어 사는 무리라고 말한다. 한국식 자연주의 사상이 여기에서 시작된다.

세 번째와 네 번째 그림은 소학도(小學圖)와 대학도(大學圖)로 소학과 대학을 축약시켜 놓았다.

다섯 번째 그림은 백록동규도(白鹿洞規圖)로 남송의 철학자이며 주자학을 집대성했다고 평가받는 주자로 불리는 남송의 주희(朱熹 1130~1200)가 백록동학당의 학생들을 위해 만든 규칙 등을 설명해 놓았다.

유네스코 세계문화유산인 전북 정읍시의 '무성서원'

2부_명품 한류를 만든 열두 가지

10

≈
자연과 소통하다 찾은
정(情)과 인(仁)

: 만물이 서로 감응해 통하는 것이 정(情)
: 천지가 만물을 낳은 마음이 인(仁)
: 상식적인 판단과 상대에 대한 배려로 사는 자세를 배우다

다시 「성학십도」로 돌아가 보자.

여섯 번째 '심통성정도(心統性情圖)'에서는 만물이 가진 목화토금수의 성질이 인간관계에서는 인의예지신(仁義禮智信 성질 순서는 인예신의 지)으로 글자가 바뀌지만 같은 역할이기에 사물과 인간관계가 서로 다르지 않음을 써 놓았다.

여기에서 중요한 문구는 정(情)에 대한 설명이다.

한국 사람들은 유난히 정이 깊다.

자신과 관련이 없는 존재에도 정을 가지고 정에 끌리는 것은 뭔가 예로부터 감정으로서 느끼고 내려온 때문이다. 한국을 아는 외국인들도 한국인의 가장 큰 장점으로 정을 말한다.

지난 여름 반포동 우리 아파트 앞 사거리에서 건널목을 건너려는 외국인이 유모차에 아이를 태운 채 기다리고 있었다. 그런데 생각보다 비가 많이 내렸다. 나도 아이가 감기에 걸리면 어쩌냐 하는 마음이 들었는데 그때 지나가던 아주머니 둘이 그 장면을 보더니 한 분이 "아이고 애 감기들면 어째" 하면서 외국인에게 자기 우산을 넘겨주고 그냥 가버렸다. 당황한 외국인이 괜찮다며 손짓을 할 때 이미 그 아주머니는 친구 우산 밑으로 들어가 저 멀리 가고 있었다.

외국인은 아마 서래마을에 살고 있었을 것이고, 그 사거리에서 서래마을까지는 비를 맞으며 유모차를 끌고 가기엔 좀 거리가 있는 편이다. 그런데 이런 장면은 이번 여름이 처음은 아니었다. 20년간 반포동에 살면서 어린 외국인 학생들까지 포함해 다섯 번 정도는 본 것 같다. 이게 바로 한국인의 정이다.

한국의 정에 관련된 이야기는 오리온의 초코파이 정(情)이 해외로 수출되고 최근에는 한류 때문에 한국 문화에 대한 관심이 높아져 해외에서도 자주 거론되는 사례가 됐다.

퇴계는 정에 대해서도 「성학십도」에서 설명했다.

"만물이 서로 감응해 통하면 정이다(感而遂通爲情)."

감이수통(感而遂通)은 적연부동(寂然不動)과 함께 쓰이는 철학 용어다. 적연부동은 "마음이 외부와 관계되지 않은 조용히 움직이지 않는 마음 상태"를 의미한다. 그런데 마음이 움직여 만물과 서로 감응하게 되면 비로소 '정'이 된다.

나는 퇴계의 정에 대한 설명이 비록 성인들의 철학에서 비롯됐지만 우리 선조들이 이 마음을 잘 간직해 마음속과 머릿속에 경험과 시간으로 축적되고 축적돼 현재 한국인의 독특한 정 문화를 만들어 냈다고 본다.

한국인의 인성 속에 녹아 있는 정과 인

인(仁)도 「성학십도」에 있다.

일곱 번째 그림은 '인설도(仁說圖)'다.

한자로는 어질다는 뜻이지만 이 인(仁)도 한국인의 마음속에 남아 어떤 일을 판단하고 실행할 때 기준이 됐다.

성학에서는 주희의 말을 빌려 "인은 천지가 만물을 낳은 마음(仁者, 天地生物之心)"이라고 말한다. 현대적인 용어로 풀어 보면 '이치와 세상 상식에 맞는 행위'다.

인은 다스림의 용어다. 지금으로 따져 보면 정치 용어다.

우리 조상들이 정치적으로 시기와 질투, 정적에 대한 공격 등 수많은 일이 「조선왕조실록」 등에 실려 있지만 그래도 끝까지 세상의 이치에 맞느냐를 고민하며 그걸 기준으로 삼아 정치에 임했음을 알 수 있다.

본래 한국 정치의 근본 사상은 인이고 정치인의 생각은 인으로 시작해 인으로 끝났다.

해방 후 서양 사상이 들어와 좌니 우니 나누고 "수단과 방법을 가리지 않고 정권을 잡는 방법"을 생각하게 됐지만 이는 일반 국민들이 원하고 바라는 방식이 아니다.

좌우로 나누고 편을 만들어 세력을 키우는 서양의 방식은 '태극- 음양- 오행'이란 흐름 속에서 겨우 음양에 머문 뒤처진 방식이다.

음양으로 만물이 만들어진 뒤에는 오행이란 성질이 세상 질서를 좌우한다. 조상들은 그걸 믿었고 사실 지금도 그런 흐름이 있는 건 사실이다. 음양의 세상에서는 여름과 겨울만 있다.

그러나 발전된 오행의 세상에서는 중간인 봄과 가을이 생긴다. 그리고 봄, 여름, 가을, 겨울을 통틀어 중심이 되는 시공 속 평균 온도(긴 기간의 평균)가 폭염이나 폭설, 태풍 등에서 중심을 잡아 준다. 그래서 오행이다.

퇴계는 어린 선조가 일곱 번째 '인설도'를 가장 잘 실천하기를 바랐을 것이다. 민주주의 시대가 된 지금, 국회의원과 여야의 모든 정치인에게 필요한 행동철학이 바로 인이다. 왜냐하면 '인(仁)의 정치(政治)'야말로 지구가 꿈꾸고 따르고 싶어하는 진정한 '한류 정치'이기 때문이다.

정권을 잡기 위해 뭐든지 하는 서양식 정치보다 상식적으로 생각, 판단하고 자신이 부족하면 이번에는 포기하고 상대방에게 양보도 하는 방식이 아마 한국식 인의 정치였을 것이다.

요즘에는 오히려 한국식 인의 정치가 퇴보하고 있는 게 아닌가 생각도 든다. 20년 전까지만 해도 지나치게 법에 의존하기보다 전두환 전 대통령의 '백담사 유배'처럼 좀 더 인간적인 방식의 해결도 있었다. 또한 우리 편에 적임자가 없다면 상대방의 전문가를 삼고초려해 데려오는 '탕평(蕩平)'도 있었다.

나는 정치 분야도 한류를 충분히 만들 수 있다고 본다. 우리 정치의 근간이 '인(仁)'이기 때문이다.

여기에서 한 마디 더.

흔히 우리 민족을 한(恨)의 민족이라고 하는데 고려시대나 조선시대의 시나 노래 등을 보면 한(恨)에 대한 작품이 매우 부족하다. 따라서 일본 등 외부에서 우리 민족을 다른 각도에서 보다가 발견한 부산물일 가능성이 높다고 본다.

시조나 「성학십도」 등을 보면 우리 민족은 정과 인을 제대로 이해한 민족이다. 정과 인을 쌀에 비유한다면 한은 아주 가끔 나오는 반찬에 불과했다.

11

≈
'어떻게 살아갈 것인가'의
겸손, 신독, 중용

: 주역의 한마디는 '겸손', 마음을 다스리는 경(敬)과 같다
: 누가 보지 않아도 '바른 자세, 바른 몸가짐, 바른 언행'이 신독(愼獨)
: 자신을 낮추고 항상 감사할 때 비로소 '중용'을 볼 수 있다

다시 「성학십도」로 돌아가 보자.

여덟 번째 '심학도(心學圖)'에서는 마음을 다스리는 경(敬)을 강조한다. '심학도'는 몸은 마음으로부터 주재(主宰)를 받고 마음은 경으로부터 주재를 받는다고 한다. 즉 경>마음>몸의 순서인 것이다.

그런데 경은 공경한다고 할 때 쓰는 단어로 예전에는 어른이나 윗사람에 대한 공경의 의미로 많이 사용했다. 실제로는 만물과 자연에 대한 공경심이 우선이다.

그런데 경과 통하는 단어가 있다. 바로 겸손할 때의 겸(謙)이다.

나는 40세 되던 해 대만의 국사로 불리던 남회근(南懷瑾) 선생이 쓴 「주역강의」(문예출판사간 원제는 「易經繫傳別講」 신원봉 옮김)를 처

음 읽은 뒤 감명을 받았다. 그리고 직장 생활을 하는 바쁜 와중에 1~2년에 한 번씩 가끔 다시 읽었는데 10여 년이 지나 대여섯 번 정도 읽게되자 자연스럽게 주역(周易)이 말하는 바를 알게 됐다.

바로 '겸(謙)'이었다.

「주역」은 어떤 사람에게는 점치는 책으로 존재하고 어떤 사람에게는학술적 가치가 있는 연구서로 필요하고 어떤 사람에게는 역사서로 보이겠지만 나에게는 단 한 단어, 교만의 반대말인 겸손(謙遜)이 보였다.

나에게 「주역」은 점책은 아니다. 물론 점을 칠 줄도 모른다.

나에게 「주역」은 우주의 역사를 볼 수 있고, 인류가 어떤 삶을 살아왔고, 그래서 말하는 바가 무엇인지를 알게 해 준 책이다.

「주역」은 우주의 흐름과 인간사의 순환 사이클을 정리한 책이다.

64괘 중 앞의 32괘는 우주가 탄생해 지구가 생기고(重天乾-重地坤)동식물이 생긴 뒤 대홍수(重水坎)와 화산폭발(重火離)로 고대 지구가멸망하는 과정을 요약해 열거한 것이다.

2부_명품 한류를 만든 열두 가지

이후 나머지 32괘는 현생 인류가 지구에 등장해 홍수의 두려움에서 벗어난 뒤 산 위에서 내려와(澤山咸) 도시와 국가를 만들고 엄청난 문명을 이룩하지만 결국 미래의 어느 때에 결국 이룬 것 같지만(水火既濟[기제]) 여전히 이룩하지 못해(火水未濟[미제]) 다시 돌고 돌아야 하는 과정을 그린 '원과 같은 순환의 과정'을 제시한 것일 뿐이다.

다만 1에서 64괘까지의 과정이 봄, 여름, 가을, 겨울처럼 정해져 있는 흐름이니 그 속을 잘 들여다보면 단풍 다음에는 흰눈이 내릴 것을 알기에 점을 치는 점서로도 활용된 것이다.

≈

겸손하면 어떤 상황에서도 본전은 가능

64괘의 내용은 그렇더라도 괘를 설명한 해설을 읽어 보면 다음과 같은 얘기다.

결국 세상은 원처럼 돌고 돌아 언젠가는 제자리로 오는데 현 상황이 높은 쪽인지 낮은 쪽이니 알기가 어렵다. 따라서 중심값을 알아야 하는데 이 또한 어려운 일이니 그렇다면 항상 겸손한 마음으로 살아간다면 어떤 상황이 오더라도 대응하기가 쉬우니 그렇게 살아가라는 게 바로 주역이 인간에게 권하는 해답이다.

즉 「주역」이 말하는 한 단어는 '겸손'인 것이다.

공자는 나이 50이 돼서야 「주역」을 처음 접한 뒤 더 젊었을 때 알지 못했음을 한탄했다고 한다. 그러나 워낙 이해하기가 어려워 조선시대까지는 '최후의 공부 과정'이기도 했다.

「주역」은 중국에서 서기 200년대 사람인 왕필(王弼) 등이 쓴 연구서가 있지만 가장 최근의 역작은 한국에 있다. 바로 조선 후기의 실학자

정약용(丁若鏞 1762~1836)이 쓴 「주역사전(周易四箋)」이다.

정약용은 전라남도 강진에서 무려 18년간 유배 생활을 하게 되는데 유배 생활 초기인 1808년 몇 차례의 수정을 거쳐 탄생했다. 200년 전의 작품이지만 가장 최신이며 독특한 접근법과 해석으로 나에겐 '파고들어야 할 책'으로 자리매김해 있다.

≈

겸, 경, 중용은 같은 카테고리 속 단어

아무튼 「성학십도」에서 말하는 경과 「주역」에서 말하는 겸은 서로 통한다.

세상에 대한 조심스런 접근과 자신의 판단에 대한 겸허한 자세가 같기 때문이다.

겸과 경이 몸과 마음에 체득되면 이후에는 어떤 일이 벌어질까. 바로 중심값에 대한 고민과 연구가 진행된다. 중심값을 알아야만 자신과 자신의 생각, 주변의 상황에 대한 정확한 판단이 가능해지기 때문이다.

여기에서 바로 '중용(中庸)'이 등장한다.

「중용」은 사서삼경에서 사서의 하나에 속한다.

그러나 여기에서는 유교의 철학적 배경을 설명한 책으로서 「중용」보다 사전적 의미인 "과하거나 부족함이 없이 떳떳하며 한쪽으로 치우침이 없는 상태나 정도"에 초점을 맞춰 보자.

숫자로 된 것은 중간값을 알 수 있다. 즉 40세라고 한다면 "이젠 인생을 반 살았구나" 하는 걸 느낄 수 있다. 그러나 수치로 만들 수 없는 것들, 즉 사랑의 정도, 화가 나는 상태, 미움의 강도는 주관적일 수밖에 없어 스스로 부족한지 과한지 알 수가 없다.

결국 겸(謙), 경(敬), 중용(中庸)은 같은 묶음에 속해 있는 단어로 볼 수 있다.

인간이 겸, 경, 중용에 젖게 되면 어떻게 될까.

신독(愼獨)의 경지에 이르게 된다.

신독은 "자신의 마음속에서 인욕(人欲)이나 물욕(物欲)에 빠지지 않고 삼간다"는 유교의 수양 방법이다. 즉 남이 있건 없건 혼자 있을 때에도 도리에 어긋나지 않도록 조심해서 말과 행동을 삼가는 걸 일컫는 단어다.

옛날 선비들이 날씨나 집안 대소사에 관계없이 항상 의관(衣冠)을 잘 갖추고 매일 같은 시간에 기상하고 공부하고 같은 시간에 잠자리에 드는 습관이 바로 신독이다.

바로 「성학십도」 중 아홉 번째와 열 번째 그림이 신독을 가리킨다.

아홉 번째와 열 번째 그림은 '경제잠도(敬齊箴圖)'와 '숙흥야매잠도(夙興夜寐箴圖)'인데 생활 속에서 인간으로서의 자세 등을 풀이했다.

잠도의 잠은 바늘 잠(箴) 자다. 구약성서에 잠언이 있는데 같은 뜻이다. 즉 바늘처럼 찌르고 경계하며 타이르는 말을 모은 게 잠언이니 잠도는 찌르고 경계하며 타이르는 말을 그림으로 풀어놓았다는 뜻이다. 당연히 찌르고 경계해야 하는 대상은 스스로 자신이다.

잠도에는 의관을 바로 하고 손을 공손히 모으고 매일 노력해야 한다는 가르침이 있다.

일찍 일어나 세수하고 의관을 갖춘 뒤 일을 시작하고 낮에는 부지런히 노력하고 밤에는 스스로 하루를 돌아보며 두려워하고 조심하고 되돌아본 뒤 잠자리에 들어야 한다는 일상, 즉 '일상에서 지선(至善)의 실현'을 이뤄야 한다고 강조한다.

물론 이렇게 한다고 인간이 성인이 될 수는 없다. 다만 퇴계 등 선조들

은 성인을 흉내 내는 것만으로도 인간은 한 단계 '업그레이드'된다고
믿었다.

≈
고전에서는 시대에 맞는 부분만 차용하면 된다

나는 우리가 잠시 잊고 있던 「성학십도」가 아주 중요한 책이었고, 이후
500여 년간 우리 선조들의 사고에 큰 영향을 주었으며, 해방 후 지금
까지 우리 국민들의 무의식 속에 존재한다고 본다.

사실 나 자신도 이 그림을 모두 이해하진 못한다. 연세대 이광호 교수
가 옮긴 「성학십도」(홍익출판사 2001년간)를 보면서 현재 시대의 눈으
로 본 것일 뿐이다.

좀 다른 얘기지만 나는 옛날 책을 보는 시각을 달리할 필요가 있다고
생각한다.

우리가 한문투성이로 된 조선시대나 고려시대 때 지은 책을 볼 때 간
과하는 것이 있다.

시대의 편차를 인정하고 현 시대에 맞는 부분만 추출해 읽고 이해하고
받아들이면 된다. 그러나 대부분 전체를 해석하고 전체를 이해하려고
하니 "한문책은 고리타분하고 과학적이지 않다"는 평을 듣는 것이다.

하나의 예로 600여 년 전인 세종 때 천문학자인 이순지(李純之)가 편
찬한 「천문유초(天文類抄)」라는 책이 있다. 「민족문화대백과사전」에
는 "천체, 천문, 기상 현상을 국가의 안위와 민생의 재변(災變)과 연관
시키는 점성술에 대한 천문서"라고 설명한다.

내용에 별자리 28수(宿)와 천문 현상 등이 기록돼 있으니 틀린 말은
아니다. 실제로 "아무개 별이 화성을 침범하면 장군이 반역한다"와 같

은 과학적이지 못한 내용이 있다. 그러나 수성, 금성, 화성, 목성 등 각 별의 자전주기와 공전주기 등은 현재의 과학과 거의 일치한다.

즉 2021년을 사는 우리들은 고전을 읽을 때 현 시대에 맞춰 필요한 부분만 취하고 이해하면 충분하다. 과학이 발달하기 이전에 쓰여진 책의 내용을 너무 진지하게 받아들여 '쓸모없는 책'이니 '시간 낭비하는 책'이라고 모두 버릴 필요는 없다는 얘기다.

전체 내용을 번역하고 주석을 다는 일은 학자들의 몫이고, 우리는 현 시대의 시각에서 취할 것만 취하면 그뿐이다. 시대의 눈으로 보라는 얘기다.

그런 면에서 「성학십도」는 한자로 돼 있지만 복잡할 것도 없고 어렵게 생각할 필요도 없다.

「성학십도」는 사람이 어떻게 살아가야 하는지, 그 시절로 보면 지식인이라는 선비로서 올바른 삶을 어떻게 살아야 하는지에 대해 설명한 책이다.

아마 100년 전만 하더라도 학당에서 사서삼경을 배운 지식인이라면 분명 「성학십도」를 읽고 실천하려 했을 것이다. 왜냐하면 시대를 풍미한 퇴계가 왕에게 "이렇게 생각하고 행동했으면 합니다"라는 의미로 올린 글이기 때문이다.

세속적인 판단이지만 왕이 어떤 생각을 하는지 알고 있어야 신하들이 대처를 할 수 있으니 아마 조선시대 관직에 들어가거나 관직을 생각하고 있는 양반이라면 누구나 「성학십도」를 읽었을 게 확실하다.

나는 여기에서 「성학십도」가 가진 철학적 의미를 논하지 않는다.

퇴계 이황의 주리(理)론과 율곡 이이의 주기(氣)론 사이의 논쟁이나 소이연(所以然 그렇게 되는 까닭)이나 소당연(所當然 마땅히 그래야 하는 것) 같은 철학적 용어를 여기에서는 꺼낼 필요조차 없다.

나는 「성학십도」가 우주의 생성부터 설명을 풀어 간 것에 큰 의미를 둔다. 사람으로서 태어나 배우고 행동하며 살아가는 마음가짐을 설명하는 생활철학책의 시작이 우주가 어떻게 생겼느냐부터다.

나는 「성학십도」에서 보여준 이 같은 '근원을 중시하는 접근법'이 현재 우리 국민들의 사고에 큰 영향을 미쳤고, 현 시점에서 보면 좋은 영향을 줬다고 본다.

우리나라 사람들은 동네 뒷산을 오르더라도 등산복에 등산 신발과 등산 도구를 챙긴다. 골프를 시작하는 사람들이 모든 장비를 사고 골프 책을 보면서 시작하는 것 자체가 바로 알게 모르게 근원을 중시하는 생활 태도에서 나왔다고 본다.

현재 한국인의 손재주와 일에 대한 집념과 능력, 마무리는 세계에서 인정받고 있다.

뭐든 한국인이 손을 대면 '압도적으로 나은 작품과 방식'을 만드는 건 바로 「성학십도」에서 배운 선비정신이 모두에게 스며들어 있기 때문이라고 본다.

당연히 한류에도 접목돼 음악이나 영화나 드라마나 음식에서 누가 봐도 감탄할 만한 작품이 나온다. 뒤돌아보면 「성학십도」의 마음가짐에서 출발했다고 본다.

12

≈
'젊어서 고생은 사서도 한다'의 실천 '징병제와 무한 경쟁'

: 성인 남자 모두 '살인학의 최고봉' 총쏘기를 배우는 국가
: '강제 인생 배우기'에서 얻은 어려움을 이겨낸 DNA는 자신감이 된다
: 잠 못 자는 청소년의 고교 3년은 고진감래(苦盡甘來)의 첫걸음

제2차 세계대전 이후 경제, 사회, 국격이 급격하게 성장한 나라가 있다. 일본, 한국, 대만, 이스라엘이다.

이 중 일본은 제국주의 국가였고, 이스라엘은 서양의 국가들이 성경 속 약속을 지키고 유대인 학살을 사죄하는 의미에서 국가를 만들어 주고 각종 지원을 해 줬다.

위의 네 나라는 공통점이 있다. 바로 징병제다.

비록 일본은 1945년 패전 후 징병제가 사라졌지만 종전 후 1960년대부터 징병제에서 군대를 다녀온 사람들이 주축이 돼 1990년대 한때 일본 경제가 세계를 지배할 정도까지 일본의 발전에 기여했다. 대만은 2018년부터 모병제로 바뀌었지만 오랜 기간 동안 징병제를 유지했다.

한국과 이스라엘은 지금도 징병제다.

이들 4개국은 1900년대 경제는 물론, 정치, 사회, 문화 다양한 방면에서 큰 발전을 이뤘다.

묘하게 징병제가 사라진 일본은 2000년대부터 기세를 잃고 하향길로 들어섰다. 군대가 없는 지구촌, 군대나 경찰이 필요없는 나라가 이상적이라는 건 누구나 공감하는 사실이다.

그러나 현실은 그렇지 못하다. 한국은 특히 북한과 여전히 휴전 상태로 군사적으로 대치하고 있는 상태다. 아직 군대가 필요하다.

≈
군대 생활은 강제로 겪는 리셋 삶

대한민국 남자들에게 군대는 애증의 대상이다. 다만 여기에서는 좀 긍정적인 면을 보자.

예전에 어른들이 "젊어서 고생은 사서도 한다"는 말을 자주 했다.

그런 면에서 군대는 사회적 경력의 단절을 만들지만 대신 "가정과 사회, 나 자신을 다시 돌아보는 인생 경험"을 할 수 있는 곳이기도 하다.

'철저하게 타인에 의해 지배되는 삶'이지만 이 또한 달리 생각해 보면 '군에 있는 모두가 겪는 정해진 삶'일 뿐이다. 주변에 부당한 방법으로 병역을 기피한 사람이 있어 신경을 쓰게 만들지만 않는다면 견뎌볼 만 하다.

'리셋(reset) 삶'도 나쁘지 않다. 상상에서만 존재하던 평등한 사회를 경험하게 된다. 군에는 학력의 높고낮음이나 개인의 사회성, 종교적 성향, 부와 가난함이 없다. 이 모든 것이 리셋된 상태에서 오직 계급과 '국방부 시계'만 남게 된다.

≈
청소년기인 10대 때는 무한 경쟁의 입시지옥 경험

남자들의 군대 생활만 '고생'인 건 아니다.

여자들도 빠르면 초등학교 고학년부터 늦어도 고등학교 1학년부터는 '무한 경쟁의 전쟁터'로 뛰어든다.

한국 사회는 지극히 '상위 지향적'이다. 대학도 서울에서 알아주는 명문, 직장도 대기업, 운동도 이왕이면 골프를 쳐야 한다. '입시지옥'이란 단어는 중국이나 일본에도 있겠지만 아마 한국만큼 지독하지는 못할 것이다.

온 국민이 교육에 진심이다. 자식을 좋은 대학에 보내려 부모는 등골이 휜다. 수능날은 학생들이 최우선이다. 비행기도 안 뜨고 주식시장도 늦게 개장하고 심지어 코로나19도 이날만큼은 없는 존재이며 후순위가 된다.

1988년 쯤 서울올림픽을 앞두고 세계 각국의 미디어에서 한국의 발전을 다루며 '한강의 기적'이란 단어를 썼는데, 당시 타임지 기사에서는 "자식의 대학등록금을 마련하기 위해 농부인 부모가 소를 파는 일"을 특이한 사례로 다룬 적이 있다. 그 당시 소는 밭을 갈고 물건을 나르는 데 필요한 농부에게는 필수품 이상이었기에 외국인의 눈에는 신기하게 보였던 것이다.

한국의 20대 남자들은 지구상 어느 남자들보다 혹독한 20개월을 군대에서 단절된 상태로 보낸다.

한국의 10대 여자와 남자들은 지구상 어느 나라 청소년보다 '강제된 극한 경험'을 견딘다.

잠도 제대로 자지 못하고 몸과 마음과 뇌를 학대하는 학창 시절의 극한 경험은 옳다 아니다를 떠나 "유일하게 한국의 청소년들만이 행하고 견디는 일종의 문화"가 됐다.

어쩌면 엄청난 시간 낭비일 수도 있다.

군대에서 한국 남자들은 살인의 최고 기술인 총쏘기를 배운다. 전쟁놀이는 상대를 죽여 내가 사는 방법을 찾는 기술이다. 한마디로 군대생활이란 죽음과 가장 가까운 곳에서 동거하는 삶이다.

잠도 못 자며 학교와 학원을 오가는 한국의 청소년들은 발음도 어려운 외국인 이름을 외우고 가본 적도 없는 아프리카의 역사도 배운다. 총쏘기 기술이나 아프리카 역사 모두 사회에 나오면 한 번도 사용할 곳도, 때도 없다.

아주 극히 드문 예로 1992년 미국의 LA폭동 때 한국 교민들은 군대에서 배운 전술대로 진을 짜고 총을 쏘기도 했다. 그 유명한 '루프탑 코리언(Rooftop Korean)'들이다.

지구 기준으로 최악의 경쟁 사회인 한국.

OECD 회원국 중 자살률 1위 국가가 됐다. 무려 15년간 1위다. 2019년 자살 사망자 수는 1만 3799명으로 하루 평균 37.8명이 자살했다.

10대, 20대, 30대 사망자의 사망 원인 1위가 자살이고 40대, 50대 사망자의 사망 원인 중 자살은 2위다.

이 글을 쓰던 지난 9월 6일에도 오전 10시 반 전후 차를 타고 동작대교를 지나가다 자살을 하려던 20세 전후의 남자를 구하는 119구조대원의 모습을 보기도 했다.

언제부터인가 한강 다리는 '자살'이라는 검색어와 함께 뜨는 커플 단어가 돼 버렸다.

≈

자살률 1위 국가, 어려움 극복하면 여유와 달관

극한의 경쟁사회. 시간 낭비처럼 느껴지는 군대생활.

그러나 달리 생각하면 젊은 시절의 어려움을 극복한 경험은 후일 자신감으로 바뀌는 계기가 된다.

어쩌면 우리 국민 모두는 20대에 이미 큐블러 로스(Elizabeth Kubler-Ross)가 말하는 '죽음의 5단계'인 '부정-분노-협상-우울-수용'의 과정을 모두 거친 뒤 사회생활을 시작하는지도 모른다.

젊은 시절, 죽고 싶을 만큼의 어려움을 극복하게 되면 이후 삶에 대한 '자신감', '책임감', '가족애' 등이 샘솟게 된다.

심지어 생각의 깊이와 방향에 따라 '삶에 대한 애착'과 '삶에 대한 달관'이 동시에 나타나 일시적인 철학자가 되기도 한다.

'극심한 경쟁 사회의 어두운 면'은 언젠가는 개선되고 극복해야 할 사안이지만 현재를 보면 한국 사회에 정착된 '문화 현상'이다.

그런데 이렇게 정착된 문화는 1998년 IMF 구제금융을 받아야 할 정도로 국난이 생겼을 때 '금 모으기 운동'으로 극복하는 데도 쓰였고 2007년 태안바다 기름유출사건 때는 전국에서 130만 명이 기름띠를 제거하러 달려가도록 재촉하기도 했다.

나는 1981년 12월 입대해 병장으로 만기 제대했다.

사람에 따라 다르겠지만 나에게 군대는 '소심한 나를 바꾸고', '가족과 사회, 공동체에 대해 책임감을 갖는 계기'로 작용하기도 했다. 지금도 10개월 만에 휴가를 왔을 때 방에서 맨발로 뛰어나오시던 어머니의 모습이 눈에 선하다. 아무튼 몸과 마음은 고생했지만 긍정적인 면이 많았다.

젊은 시절의 고생이 고진감래(苦盡甘來 고생 끝에 낙)로 돌아오는 걸 확인했기에 나는 명품 한국 문화를 만든 열두 가지 중 마지막으로 이것을 선택했다.

10대와 20대 초반에 겪는 극심한 경쟁과 '죽음에 근접한 삶'은 여전히 세계 기준으로 본다면 개선해야 할 점이 많다.

그럼에도 이를 극복하고 어른이 된 대한민국 국민들은 세계 어느 민족보다 경쟁력이 있게 됐고 풍요롭고 밝은 미래를 꿈꾸는 건강한 인간으로 재탄생한 것도 부정할 수 없다.

명품 한류를 만든 열두 가지의
얽힘과 시너지

인간과 자연 사랑

홍익인간
천지인 삼위일체

음양오행
판소리
K팝 등 한류

불교·기독교의
공존
개방성

한글·한국말

징병제와
무한 경쟁

'빨리빨리'와
선사상

극강의
표현력

극단의
현실·경험

반도국가 사계절
반도체

명품 국민 의식

시종 중시[業]
情과 仁
겸손과 신독[자기관리]

품격국가 실현

되새김질

열두 가지 요인은 어떻게 얽혀 '상생 시너지'로 바뀌었나

: '인간과 자연 사랑', '극강의 표현력', '극단의 현실과 경험'
: 뒤로 넘어져도 끄떡없는 '열두 가지의 선순환'
: 결과물은 '명품 국민 의식과 품격국가 실현'

위에서 나는 홍익인간, 「성학십도」, 반도국가, 한글과 한국말 등 열두 가지의 명품 한류를 구성하는 요소를 소개한 바 있다.

그런데 이들 열두 가지는 서로 연결돼 있기에 더욱 효율적이고 큰 시너지를 낸다.

언뜻 보면 첫째, 둘째, 셋째 마당은 각기 달라 보인다.

1000년 이상 축적해 온 네 가지, 극강의 표현력과 다양성을 만든 네 가지, 인간의 품격과 명품 국민 의식을 만든 네 가지는 연결되는 부분이 없어 보인다.

그러나 결론부터 말하자면 절대 그렇지 않다. 열두 가지의 요인은 모두 연결돼 있어 실제로는 더 나은 결과물을 보여주고 있다.

'연결성'만으로 열두 가지를 보면 크게 세 그룹의 연결고리를 만들 수 있다.

우선 '인간과 자연 사랑'을 들 수 있다.

여기에는 '홍익인간 정신'과 '천지인 삼위일체'인 한국식 자연주의가 포함된다. 한국인은 유독 평화를 사랑했다. 그리고 자연에 순응하려 했고 문명이 발전해도 휴머니즘을 지키려 노력했다. 단군조선 이후 우리의 권역이 한반도와 만주(滿洲)로 축소되더라도 땅덩어리를 넓히기 위한 전쟁을 벌이진 않았다. 비록 형제, 즉 백제, 신라, 고구려가 다투긴 했어도 중국이나 일본을 침략하지는 않았다.

두 번째는 '극강의 표현력'이다. 한글의 발명으로 인해 한국말은 지구상에서 가장 표현력이 우수하고 계속 진화하는 언어를 가지게 됐다. 한마디로 의성어나 의태어 등에서는 한계가 없다. 심지어 의태어나 미각을 이용한 문장도 만들 수 있다.

"보너스 봉투가 두툼한 걸 보니 올해는 짭짤했구나."

이후 판소리의 발달로 '집단지성에 의한 표현력의 경쟁시대'까지 거치니 한국어는 표현에서 자연스럽게 최상의 언어가 됐다.

현재 K팝은 물론 K푸드에 이르기까지 다양한 분야의 한류는 표현력이 다양한 한국말에서 큰 도움을 받았다. 아설순치후를 모두 사용하면서 언어의 표현력, 미각의 발달, 심지어 받침이 많은 언어를 말하며 호흡의 끊고 맺음까지 배우게 됐다. 한국인 배우들의 연기력이 뛰어나게 된 이유다.

세 번째는 '극단의 현실과 경험'이다.

한국인은 태어나면서부터 현실에서 극단을 경험한다. 일교차가 크고 바다와 육지를 다 가진 반도에서 태어나 다양성을 터득하고 배운다. 크면서부터는 '교육'에 대한 지독한 관심으로 '입시전쟁'을 치르고 남자들은 군대에 가 강제로 '리셋'된 삶을 살게 된다.

사회를 돌아봐도 '빨리빨리 정신'과 선(禪)사상이 가지고 있는 '느림의 미학'은 극과 극이다. 그럼에도 이 둘을 이해하고 그 속에서 조화를 이끌어 낸다면 '체득화된 여유'가 된다.

결국 '극단의 현실과 경험'은 자신감이 돼, '극강의 표현력'과 만나면 열심히 일하는 책임감을 낳고, 이런 경험은 쌓이고 쌓여 '반도체'처럼 정교하고 복잡한 제품도 잘 만드는 시스템을 만들었다.

'극단의 현실과 경험'은 때론 사람을 철학적으로 만들어 깊은 생각에 빠지게 한다. 그러나 내재된 '인간과 자연 사랑'과 만나면 '좋은 것이라면 뭐든 받아들이는 개방성'으로 발전한다.

유교적 보수사회인 한국이 최근 200여 년 전 기독교를 받아들여 지구에서 유일한 동서양 문명의 융합과 공존을 이뤄 낸 것은 우연이 아니다.

불교, 유교, 기독교의 절묘한 조합과 공존은 최근 300여 년간 지구 역사를 이끈 서구 문명을 제대로 이해하는 데 도움을 줬고, 이는 동양과 서양을 모두 만족시키는 '독특한 문화'를 낳았다. K팝을 비롯해 K드라마, K영화, 심지어 웃고 떠드는 K연예 프로그램까지 전 세계에서 인기를 얻는 데는 바로 동서양 문명이 절묘하게 공존하기 때문이다.

한때 영국의 지배하에 있던 홍콩이 동서양 문명이 공존하던 1980년대에 영화로 세계 시장에서 존재감을 빛낸 이유를 알 수 있다. 그러나 홍콩이 다시 중국으로 반환된 후 서양을 지우기 시작하자 현재 홍콩 문화는 어디에 있는가?

≈
BTS, <기생충>, 평범한 한국인의 뿌리에 숨어 있는 '인간 사랑'

결국 명품 한류를 만든 열두 가지의 요소는 이리저리 얽히고설켜 현재의 K팝과 K영화를 만들었다.

<기생충>과 BTS나 블랙핑크의 존재감, 최근 전 세계적으로 유행하는 <오징어 게임> <D.P.>의 뿌리 속에는 이들 열두 가지의 요소가 섞여 있는 것이다.

한국민이 대단한 건 바로 이들 요소를 묶어 현재 한국의 자랑거리가 된 명품 국민 의식을 만들었다는 점이다.

나보다 타인을 먼저 배려하고, 스스로 겸손하고, 죽을 때까지 배우려 하고, 주변 사람에게 정을 주고, 의롭게 행동하는 걸 자랑스럽게 생각 하는 사람들이 모여 있는 곳.

바로 우리가 대한민국을 만들었다.

대한민국은 현재 품격을 갖춘 국가가 됐다. 국민들은 깨어 있었고 그 뿌리에는 최소한 1000년 이상 '좋은 생각과 판단'을 축적한 씨앗이 뿌려져 있었다.

더욱 고무적인 건 이제 한류가 시작이라는 점이다. 이는 '품격국가 대한민국'도 이제부터 시작이라는 말과 같다.

한국인, 자부심을 가져도 좋다.

3

BTS는
어떻게
?
세계를
품었나

명품 한류를 만든 열두 가지, K팝을 중심으로

1

K팝은 600년 이어온
판소리가 뿌리다

: 판소리는 최상급의 '음악하는 방법'이다
: 판소리는 자연의 모든 소리를 재현할 수 있는 '표현력 극강'의 음악 장르다
: 판소리에는 세상의 모든 발성, 힙합과 록 등 모든 음악 장르가 숨어 있다

BTS가 2017년부터 서서히 떠올라 2020년 드디어 <다이너마이트(Dynamite)>로 미국의 팝시장까지 점령하고 2021년에는 신곡 <버터(Butter)>가 7주 연속 빌보드 1위를 찍자 여기저기에서 K팝의 유래나 강점에 대한 분석이 우후죽순처럼 쏟아졌다.

서구권의 시각에서 보면 K팝은 1992년 서태지와 아이들이 등장하면서부터 시작됐다는 의견이 많은 것 같다.

그러나 나름 노래를 좋아했고 오디오 마니아로 클래식뿐 아니라 세계의 모든 음악에 관심이 있었던 나로서는 서구권의 접근 방식과 해석에 의구심을 가지고 있다.

최근 몇 년간 재즈나 브라질의 보사노바(bossa nova), 아르헨티나의 피아졸라(Astor P. Piazzolla) 음악을 들으면서 느낀 건 서양 음악에서 클래식은 종교음악에서 시작했다는 점과 미국의 재즈나 브라질의 보사노바, 아르헨티나의 탱고 등은 스페인의 플라멩코가 대서양을 건너가 그쪽 문화에 녹아들면서 새로운 음악으로 발전한 음악이란 점이다. 또한 서양 음악의 양대 산맥인 그 둘은 스페인의 플라멩코 이전 원형의 음악이 존재했을 것이며, 그 원형은 아마 1000년 전 동서양을 돌아다녔던 집시 음악이었을 것으로 짐작할 수 있었다.

1000년 전만 해도 집시처럼 이곳저곳을 돌아다니던 유랑집단이 음악에 관해 최고였을 것이다. 각 지역의 좋은 점만 모아 음악을 발전시킬 수 있었기 때문이다.

≈
노래에 진심인 민족, K팝의 시작은 판소리

그렇다면 현재 우리가 듣고 있는 K팝은 어디에서 시작됐을까 의문이 든다. 나는 우리나라의 판소리에서 현재 K팝의 원형을 찾을 수 있다고 믿는다.

우리 세대만 해도 어릴 적 동네나 시골 장터에 가면 판소리패는 아니더라도 짧은 판소리인 단가나 시조를 느릿느릿하게 부르는 사람들이 있었다.

이뿐 아니라 생활 곳곳에 노래가 스며들지 않은 곳이 없었다.

1970년대 초까지만 해도 시골에서는 상여가마가 나가곤 했었다. 꽃으로 치장한 상여 맨 앞에는 항상 곡을 선창하는 사람이 있었다. 손에 든 작은 종 같은 걸 딸랑딸랑 흔들며 "이제 가면 언제 오나, 어허야 에야"를 외치면 뒤에 상여를 나눠 들고 가는 상여꾼들이 그걸 따라하며 산이 있는 곳까지 먼 길을 걸어갔다.

시골에 모내기를 하러 가면 지방마다 노래가 다르긴 해도 힘든 모내기를 하며 부르는 노래도 있었다. 일반 학교에서 배우는 노래도 있었다. "옹헤야, 어절씨구 옹헤야 잘도 간다 옹헤야, 에헤에헤 옹헤야…"로 시작하는데 50대 중반 이상의 한국 사람이라면 귀에 익은 노래일 것이다.

아무튼 50대 중반 이상의 나이든 사람이라면 어린 시절 생활 곳곳에서 노래와 함께 자랐다. 그 당시는 TV도 보급이 잘 되지 않았을 때고 집에 전화도 없을 때였다. 따라서 지금 생각해도 가사는 조금 잊었는지 몰라도 가락은 귀에 익어 대부분 흥얼흥얼할 수 있다.

한마디로 한국 사람은 노래에 살고 노래에 죽는 민족이었다.

최근 국내에서 다시 트로트가 유행하는 것과 방송을 틀면 수많은 노래 관련 프로그램이 등장한 것도 그동안 잊고 있었던 향수에 대한 그리움의 표출일 것이다.

그런데 최근에 판소리를 듣다 보니 민요나 생활 속에서 불리던 수많은 노래들이 판소리에서 영향을 받았겠구나 하는 생각을 하게 된다. 물론 고려시대의 <청산별곡>, <가시리>나 조선시대의 <낙양춘(洛陽春)>, <보허자(步虛子)>들을 들어 보면 판소리와는 달리 들린다.

그러나 600년 전 쯤 한글 창제 이후 판소리가 날개를 펴면서 알게 모르게 이후 한반도 땅에 존재하는 모든 음악에 영향을 준 게 틀림없다. 왜냐하면 판소리는 세상에 존재하는 '음악하는 방법(음악법)'에서 가장 정점에 있는 궁극의 창법(소리내는 행위)이기 때문이다. 따라서 민요 등 대중적인 노래에서 영향을 받지 않았다는 건 있을 수 없는 일이다.

≈
판소리는 소리꾼 자체가 장르인 음악

판소리가 왜 세계 최강 음악법인가는 세 가지를 통해 알 수 있다.

첫째, 판소리는 내가 아는 한 세계에서 유일하게 가수(소리꾼)가 주인 공인 장르다. 가수 스스로 작곡하고 편곡한다.

서양은 작곡과 성악이 거의 구분돼 있다. 도밍고(Placido Domingo)나 파바로티(Luciano Pavarotti)가 부르는 유명한 아리아는 대부분 베르 디(Giuseppe Verdi)의 오페라에 나오는 곡이거나 유명한 음악가가 작 곡한 곳이다.

그러나 판소리는 소리꾼이 소설 등을 차용해 대중 앞에서 들려주기 위해 스스로 작곡한다. 현존하는 적벽가, 심청가, 춘향전 등 다섯 마당 이 이렇게 탄생했다. 그런데 처음 작곡한 대로 부르는 건 아니다. 수제 자의 목소리에 따라 느낌은 천차만별이 된다.

또한 시대에 따라 가사(내용)도 수시로 바뀐다. 고 박동진 선생의 인터 뷰를 보면 "일락(日落) 서산 해 떨어지고"라는 대목이 "일락과 해 떨어 지고가 중복"이라는 청중의 지적에 따라 '서산에 해 떨어지고'로 바꿨 다는 얘기를 들려준다.

이처럼 판소리는 작곡가는 있어도 시대에 따라 변화가 많아 결국 부르 는 사람이 주인공인 노래가 된다.

같은 적벽가를 불러도 소리꾼에 따라 버전이 다 다르다. '사람이 주인 공인 노래'가 바로 판소리인 것이다.

물론 소리 색깔에 따라 "춘향가 중 이별가는 모홍갑, 홍보가 중 제비 후리기 장면은 권삼득이 최고"라는 세간의 평가는 나온다.

근래에도 정광수 선생이 <이순신전>을 작곡했지만 판소리 자체의 대중화가 쉽지 않아 자주 들려지지는 않는다.

한마디로 판소리는 사람(소리꾼) 자체가 장르가 되는 음악이다.

둘째, 판소리는 자연은 물론 사람의 마음과 심지어 눈에 보이지 않는 귀신의 소리까지 들려주는 표현력 극강의 예술이다.

여기에는 물론 한글과 우리말이 자연을 닮고 자연과 함께 살아가는 한국식 자연주의 사상이 판소리에 녹아 있기 때문인 점이 가장 크다.

바람 소리도 문풍지 흔드는 소리와 활짝 열어 놓은 대문으로 불어오는 소리가 다 다르다.

춘향이 옥중에서 부르는 귀곡성에서는 귀신 소리를 내야 한다. 또한 적벽가에서 조조 군사가 대패하는 장면에서는 화살이 날아가는 소리까지 내야 한다. 무섭고 슬프고 때로는 사랑스럽고 포근한 느낌을 주는 소리, 어린 여자아이 소리는 물론 늙은 장님의 목소리도 내야 한다. '꼬끼요', '휘잉' 같은 의성어는 그래도 나은 편이다. 의태어는 얼마나 어려운가?

'꾸물꾸물', '슬금슬금' 같은 의태어는 수백 년간에 걸쳐 다듬어졌을 것이다. 2020년 BTS의 지민이 부른 <크리스마스 러브>라는 노래에서 눈이 쌓이는 모습을 '소복소복'이라고 표현해 전 세계 팬들이 어떻게 번역해야 할지 혼란이 일었던 적이 있었다.

정답은 '오빠'나 '언니' 같은 단어도 그냥 부르는데 한국어의 의태어는 대체할 표현이 없다고 할 수 있어 한국말 그대로 써야 한다는 결론이다. 의태어는 수백 년에 걸쳐서 소리꾼이 연구하고 관객들의 호응에 따라 변화를 주고 라이벌 소리꾼과 경쟁을 통해 엄청난 발전을 보였을 것이다.

아무튼 한글은 자연을 닮기도 했지만 의성어와 의태어를 통해 표현력에서는 극강의 예술이 됐다.

≈
판소리 속에 힙합, 랩, 록, 발라드 모두 존재

세 번째는 바로 두 번째의 목표를 이루기 위해 소리꾼이 노력하다 보니 인간의 영역을 뛰어넘는 성대를 가진다는 점이다.

서양의 성악은 아름다운 소리를 내기 위해 존재한다. 그러나 판소리는 자연의 모든 소리를 내고 그걸 표현하고 전달하는 데 중점을 둔다. 따라서 표현력 못지않게 정확한 발음도 중요하다. 지금 당장 유튜브에서 판소리를 치고 아무 마당이나 들어 보라. 세상 최고의 전달력을 자랑한다.

표현과 전달 두 마리 토끼를 잡기 위해 노력하다 보니 소리꾼의 성대는 기형이다.

속을 들여다 보면 성대에 굳은살이 박혀 있다. 태권도 유단자의 손에 굳은살이 있는 것과 같다. 따라서 소리꾼은 서양 기준으로 보면 베이스부터 테너까지 음역이 매우 넓다. 게다가 정확한 발음은 기본이다.

서양은 아름다운 소리를 얻기 위해 소년을 거세한 카스트라토(castrato)를 만들었지만 판소리 소리꾼은 득음을 하기 위해 수없이 소리를 지르고 불러 자신만의 성대를 만든다.

서양 기준으로 좀 과장되게 표현하자면 진성으로 부르는 남자 소프라노와 진성으로 부르는 여자 베이스, 극과 극에 속하는 두 가지 목소리를 모두 가질 수 있는 가수가 바로 판소리 소리꾼인 것이다.

사람이 장르이고 자연의 모든 소리를 표현할 수 있으며 성대를 바꿔 음역대가 넓은 가수를 만드는 판소리.

이 세상에 판소리를 이길 수 있는 음악법은 존재하지 않는다.

따라서 음악이라는 영역에서 현존하는 대부분 발성이나 테크닉, 형식은 판소리와 비교하면 쉬운 편에 속한다. 힙합(hiphop)이나 스윙재즈(swing jazz)나 레게(reggae), 발라드(ballade), 록(rock) 등 대부분 대중음악 장르도 판소리를 조금 아는 사람이라면 쉬워진다.

물론 그렇다고 성악이나 대중음악가들의 예술성을 낮게 평가하는 건 아니다. 사람을 감동시킨다면 어떤 영역의 음악이나 모두 존중받을 가치가 있다.

특히 성악은 현존하는 가장 아름다운 소리를 내는 발성임에 틀림없다. 또한 아름다운 성악곡도 많아 대중화에도 성공했다.

모차르트의 오페라 <마술피리>에 나오는 소프라노곡 '밤의 여왕의 아리아'는 얼마나 아름다운가. 테너곡 중에서도 푸치니의 오페라 <투란도트>에 나오는 '네순 도르마(nessun dorma)' 또한 얼마나 멋진가. 뒷부분에서 반복되는 '빈체로(vincero)'는 상업 광고에도 자주 등장할 정도다.

성악의 벨칸토(bel canto) 발성은 요즘에는 대중음악가들도 일부러 배운다. 호흡법과 힘과 섬세함을 동시에 갖춘 발성을 익히는 데 많은 도움이 되기 때문이다.

'황금 트럼펫'이라는 별명이 있는 세계적인 테너 마리오 델 모나코(Mario del Monaco)의 경우 새처럼 고음으로 올라갈수록 고개가 들리는 멜로끼(Melocchi) 발성을 하지만 이 또한 벨칸토 발성을 기본으로 익힌 다음에 자신의 성대와 취향에 따라 따라갈 뿐이다.

대중음악계에서 자신의 이름이 들어간 '세스릭스 발성법'으로 유명해진 세스 릭스(Seth Riggs 1930~)도 성악 전공이었으니 벨칸토 발성법이 다양한 노래를 부르는 데 적합하다는 건 증명이 됐다.

그런데 벨칸토 발성이나 세스릭스 발성이 추구하는 최종 목표는 말하듯 호흡하듯 자연스럽게 노래를 부르는 것이다.

성악, 세스릭스 발성, 판소리 모두 자연스럽게 소리 내기

여기에서 '말하듯 자연스럽게'라는 표현은 딱 판소리의 소리 내기와 일치한다.

결국 동서양 어디에서나 모든 소리 내기는 '자연스럽게' 내는 것이 기본인 셈이다.

물론 판소리가 자연스러운 소리라는 데 이견은 있다. 정확한 발음과 표현력을 위해 성대를 변형시키는 게 자연스럽지 않다는 지적이다.

맞는 말이다. 다만 나는 극한까지 이뤄 낸 명창의 소리를 말하는 게 아니다. 성대를 바꾸기 전의 소리 내는 과정과 목의 움직임, 발성법을 말하는 것이다. 명창은 자신의 소리를 찾기 위해 최후에는 자연스러움을 포기하지만 소리를 내는 기초부터 중간, 고급 과정까지는 어느 발성법보다 자연스러운 발성이 판소리의 기본이다.

단지 판소리는 종합적으로 접근해 발성이나 딕션(diction 정확성과 유창성을 두루 갖춘 발음), 호흡의 범위가 광범위한 것일 뿐이고, 성악은 발음보다는 아름다운 소리를 크게 내는 데 극대화됐으며, 세스릭스 발성은 일반 사람들이 따라부르기 쉬운 발성에 초점을 맞췄을 뿐이다.

이 중 판소리가 좀 더 종합적이기 때문인지 판소리를 조금이라도 안다면 성악이나 대중음악을 부를 때 더 쉽게 접근하고 좀 더 정교하게 발전시킬 수 있다는 장점이 있다.

최근 서바이벌 프로그램을 통해 가창력을 인정받아 스타로 떠오른 가수 중에 국악인이 많다.

송가인, 박수빈은 이미 유명하고, 최근 <로또싱어>에서는 정가 여신으로 불리는 하윤주, <미스트롯2>에서는 판소리 신동으로 불리는 김태

연 등도 있다.

최근 후배가 뒤늦게 성악에 빠져 공연을 보러 가는데 전 문화부 장관이었던 김명곤 씨가 성악을 너무 잘해 새삼 고개를 끄덕인 적이 있다. 김명곤 씨는 배우이기도 했지만 영화 <서편제>를 통해 판소리도 잘 소화해 반 소리꾼으로도 잘 알려져 있다. 그런데 60대 중후반임에도 최근에는 성악곡도 잘 소화한다. 거의 전문가의 소리를 내는데, 역시 판소리에서 터득한 소리 내는 방법과 호흡법이 연결돼 있다고 본다.

이처럼 판소리를 기반으로 한 국악을 조금 안다면 대중음악과 성악은 어렵지 않다.

더 쉬운 예가 있다. 바로 '이날치'다.

이날치의 <범 내려온다>는 바로 판소리 수궁가의 '범 내려오는 장면'을 현대식으로 조금 바꿔 부른 것이다. 이날치라는 이름도 조선 후기 유명한 소리꾼이었던 이날치의 이름을 그냥 빌려온 것이다. 즉 판소리를 현대화하겠다는 의지의 표현으로 만든 그룹명인 셈이다.

<범 내려온다>와 같은 장르를 '조선팝'이라고 부른다. 이는 바로 판소리와 서구의 팝이 전혀 이질적이지 않고 서로 통한다는 걸 증명하는 단어다.

≈
판소리나 국악하던 사람들 성악, 대중가요 모두 가능

판소리는 음악법에서 좀 더 포괄적이기 때문에 다른 음악에 대해서도 설명이 가능하다.

서양 음악에서 3요소라는 리듬, 선율(가락), 화음도 판소리 속에 모두 녹아 있다.

서양식 음계의 화음보다 더 높은 가치가 있는 것은 존재하는 모든 소리의 화음이다. 자연의 소리를 사람이 듣기 좋게 부르는 것 또한 화음이다. 2~3시간 판소리를 들어도 귀가 피곤하지 않았다면 화음으로 성공했다고 볼 수 있다.

중모리, 휘모리들이 있으니 리듬은 기본적으로 가지고 있고 다만 선율 부분이 조금 부족하다고 느낄 수는 있다.

그러나 판소리가 1인 오페라이면서 전달력에 중점을 뒀음을 감안하면 불가피한 측면이 있다. 서양의 오페라에 있는 아리아 같은 고운 선율을 가진 장면이 없는 건 사실이지만 장르의 성격 때문에 그렇지 소리꾼이 그걸 표현하지 못하는 건 아니다.

이처럼 최상의 음악법이라고 해도 틀리지 않는 판소리를 가지고 있는 민족이기에 K팝의 등장과 성공은 어쩌면 예정돼 있었는지도 모른다.

현재 K팝은 판소리의 표현력을 바탕에 깐 채 한국 음악과 서양 음악의 중요한 요소를 모두 포함하고 있다.

우리 음악은 악가무(樂歌舞)가 기본이었다. 악기, 노래, 춤이다.

종묘제례악을 만들 때도 그랬고 대중예술인 판소리도 장고가 등장하고 소리꾼과 고수가 심하진 않더라도 어깨춤을 들썩인다. 1980년대까지 시골에 있었던 각설이 타령꾼들은 입춘이 지나면 동네 곳곳을 돌아다니며 춤추고 노래하고 꽹가리를 치며 마을의 안녕을 기원하고 술과 밥을 얻어먹었었다.

K팝은 서양의 성악과 기악, 발레를 합친 독특한 음악 양식이다.

발레는 춤으로 바뀌었고, 기악은 랩, 리듬, 비트 등으로 악기의 영역을 대신했을 뿐이다. 노래는 기본적으로 동서양의 장점을 모두 합쳐 밝고 경쾌한 선율에 가사를 올려놓았다.

BTS의 <다이너마이트>를 들어 보라. 저절로 어깨가 들썩이고 기분이 좋아진다.

한국 사람의 핏속에는 판소리의 중모리 리듬과 흥과 가락이 모두 스며들어 있다.

판소리는 세상에 존재하는 최상의 음악하는 방법이었다. 여기에 한국말은 세계 최강의 표현력을 지닌 언어였다. 어떤 설명이 더 필요한가?

"K팝은 판소리에서 시작됐다"는 문장은 어색하게 들릴 수 있다.

민요가 더 K팝에 가깝지 않냐는 이견도 있을 수 있다.

그러나 변성시키기 전, 즉 성대를 인위적으로 바꾸기 전, 즉 명창으로 불리기 전의 소리꾼이 부르는 노래는 자연의 소리, 행동을 얼마나 잘 전달할지에 초점을 맞췄기에 훨씬 입에서 나오는 소리가 부드럽다. 따라서 굳이 민요다, 판소다를 구분짓지 않아도 되기에 'K팝의 뿌리는 판소리'라고 해도 틀리지 않다고 보는 것이다.

판소리에서 이어온 자연과 노래를 향한 선조들의 사랑은 지금 젊은 세대의 핏속에도 흐르고 있다고 믿는다.

따라서 K팝이 판소리에서 시작됐다는 말이 반드시 틀린 말은 아니라고 본다.

2

K팝은 '지구음악선수권대회'에서 우승한 장르다

: 인터넷을 통해 '계급장 떼고 경쟁해 1등한 올림픽 금메달'
: 비영어권 음악인 <강남스타일>의 세계적 유행이 시작
: '기본 품질'이 뒷받침된 '세상에 없던 종합예술' 작품

K팝의 세계적 현상을 역사적 의미에서 '단 하나'만 꼽으라면 주인공
은 누굴까.

난 세계화 시대에서 첫 번째 열린 '음악올림픽' 또는 '지구음악선수권
대회'에서 우승한 것이라고 말한다.

과거 50년 과거를 봐도 비틀스, 아바, 마이클 잭슨, 마돈나 등 세계적
으로 영향력을 준 아티스트들이 많았다. 다만 이 시대에는 미국과 서
구의 문화가 강세를 보일 때라 정보의 비대칭이 존재했음을 감안해야
한다.

최근 유튜브를 통해 1980~1990년대 남미 음악이나 스페인 음악을
들어 보면 결코 비틀스나 마이클 잭슨에 뒤지지 않는 훌륭한 곡과 가

수가 있었음을 느낀다. 다만 세상이 바뀌어 인터넷이 세계로 연결되고 유튜브로 다양한 음악이 올라오자 이제야 알았을 뿐이다.

즉 1990년대까지는 주류 음악과 비주류 음악의 구분이 뚜렷했다. 그렇다고 비틀스나 마이클 잭슨의 음악이 나빴다는 건 아니다. 다만 공정한 경쟁에 의한 순위 매김은 아니었다는 얘기다.

2000년 이후 인터넷으로 지구 곳곳이 연결되고 세계화로 해외 여행 인구가 급증하면서 음악 세계에도 변화가 생겼다.

아프리카, 남미의 음악이 소개되면서 정보의 비대칭과 주류 음악의 구분 등이 허물어지기 시작한 것이다.

≈
대중음악계에 한 획을 그은 <강남스타일>

가장 뚜렷한 예가 바로 싸이의 <강남스타일>이다.

<강남스타일>은 K팝 세계화의 시작이었다. 또한 유튜브의 세계화를 이끌었다. 이후 저절로 유튜브를 통한 '지구음악선수권대회'를 만들고 '보이지 않는 손'에 의해 순위를 매기게 만든 촉매제 역할도 했다.

즉 싸이의 <강남스타일>은 과거 정보의 비대칭, 비주류의 소외감에 의해 홀대받던 제3세계 음악을 비롯해 드러나지 않았던 '고품질의 음악'을 수면 위로 드러나게 만든 역할을 한 역사적 가치를 지닌 곡이다.

여기에서 <강남스타일>이 세계를 석권하는 과정을 되짚어 보자.

<강남스타일>이 등장한 2012년 이전까지 한국의 K팝은 아시아 지역에서는 나름대로 자리를 잡았지만 아시아 이외로 눈을 돌리면 아는 사람들만 듣는 노래에 불과했다.

그러나 2012년 기적과 같은 일이 벌어졌다.

7월 15일 가수 싸이가 <강남스타일> 뮤직 비디오를 유튜브에 공개했는데 50일 만에 1억 뷰를 넘어서며 전 세계에서 대박을 터뜨린 것이다. 운도 좋았다.

당시의 유튜브는 스마트폰이 세계적으로 확산되기 전인데다 스마트폰의 성능도 지금보다는 매우 뒤떨어졌었다. 따라서 대부분 지구촌 사람들은 싸이의 <강남스타일>을 PC를 통해 즐겼다.

그런데 <강남스타일>은 영어가 거의 없는 완전히 한국말로만 된 노래였다.

한국말로 된 노래가 이처럼 세계적으로 인기를 끈 건 <강남스타일>이 처음이었다. 노래 가사 중 '오빠 강남스타일'이란 단어가 히트를 치면서 이후 '오빠(oppa)'와 '강남(Gangnam)'은 영어권에서도 사용되는 대중화된 한국말이 됐다.

한국말로 된 노래가 전 세계적으로 인기를 얻게 된 데는 노래와 춤이 'B급'으로 분류해도 될 정도로 유머스러운 작품이었기 때문이다. 소위 '화장실 유머'로 분류되는 매우 저렴해 보이는 장면들이 접근할 수 있는 대중의 층을 급격하게 늘리는 역할을 하게 됐다.

아무튼 <강남스타일>로 싸이는 세계적 스타가 됐다. 그해 11월 파리의 에펠탑 광장에서 열린 콘서트에는 유럽의 젊은 남녀들이 함께 말춤을 추며 "오빠 강남스타일"을 떼창하는 엄청난 장면을 목격하게 됐다.

다음해 4월에 <강남스타일>에 이어 내놓은 <젠틀맨>은 유튜브 공개 후 불과 10일 만에 1억 뷰를 돌파했다.

싸이의 <강남스타일>은 전형적인 한국식 아이돌의 노래는 아니다. 그러나 한국식 아이돌의 음악 요소는 모두 들어 있었다. 말춤이 있었고 약지만 '뛰는 놈 위에 나는 놈' 같은 랩적 요소도 섞여 있었으며, 무엇보다 노래 전체에 흐르는 모든 사람의 어깨를 들썩이게 만드는 비트와 리듬은 철저하게 당시 '슈퍼주니어', '2PM', '소녀시대' 등 아이돌들이 부르는 노래와 성격이 같았다.

그런 면에서 싸이의 <강남스타일>이 좀 더 친근하게 접근할 수 있는 B급이었다는 점에서 오히려 한류의 확산에 더 불을 지피는 계기가 됐다고 본다.

당시 이미 K팝은 나름대로 장르로서 막 자리를 잡을 때였다. 아시아를 휩쓸고 있었고 주류라고 하는 서구권에도 막 바람이 불려던 때였다. 이런 때 <강남스타일>이 터졌다. 사람들은 웃으며 즐겼다. 그리고 수많은 패러디물을 만들어 올리며 서서히 싸이가 속한 한국 음악에 대해 관심을 가지게 됐다. 그러다 불쑥 K팝의 세계에 발을 들여놓아 보니 이건 '완전한 신세계'였다.

≈
위에서 아래로 흐르기 시작한 K팝

문화는 위에서 아래로 흐른다.

이미 품질 면에서 위에 존재하고 있던 K팝은 인터넷을 통해 세계가 주목하게 되자 비로소 제자리를 찾게 됐다.

싸이의 <강남스타일>은 음악과 문화계에 새로운 패러다임이 왔음을 세계에서 가장 빨리 우리 문화계에 알려 주며 자연스럽게 K팝의 방향을 제시했다.

이 점은 후일 음악사에서 상당히 깊게 다뤄져야 할 사건이었다.

나는 당시 융복합매거진 「테크 앤 비욘드(Tech & Beyond)」의 편집장을 하고 있었는데 싸이의 현상을 분석하는 글을 쓰면서 "싸이 생태계가 열렸다"는 표현을 한 적이 있다.

애플이 앱 생태계를 만들어 수많은 개발자가 앱스토어로 향하게 만들었다면 싸이의 <강남스타일>이 유튜브에서 터지자 이후 너도나도 유튜브를 '비즈니스 플랫폼'으로 다시 보게 만드는 계기가 됐기 때문이다.

싸이의 <강남스타일>은 불과 반년 만에 100억에 가까운 매출을 올렸다고 당시 얘기할 정도였으니 유튜브만 잘 활용해도 중소기업, 아니 대기업 못지않은 경제적 성과를 올릴 수 있다는 점을 그때부터 누구나 알게 된 것이다.

싸이의 <강남스타일>에서 보듯 인터넷의 발달로 전 세계 사람들은 자신이 좋아하는 음악을 직접 평가하게 됐다.

그런 점에서 이미 2000년대 초반부터 아시아를 석권하며 힘을 길러온 K팝이 인터넷을 타고 지구촌 곳곳에서 재평가받게 됐고, 그 과정에서

'계급장 떼고 붙어 보니 1등은 K팝'이 돼 버린 것이다.

물론 여기에는 <강남스타일>로 놀란 사람들이 다른 K팝을 찾아보니 지구상에 처음 등장한 '그동안 본적이 없는 종합 예술작품'임을 깨달았기 때문이기도 하다.

3

≋

K팝은 현재 '베토벤', '재즈'의
길을 걷고 있다

: 시대정신을 읽고 담은 독보적 음악 세계 구현
: 플라멩코, 보사노바, 탱고와 다른 융복합형
: 대체 불가 '예술언어'가 돼 독보적인 장르가 된다

20~30년 뒤 K팝은 세계 음악계에서 어떤 위치에 있고 어떤 평가를 받게 될까. 클래식을 많이 들었던 나는 현재 K팝은 '베토벤의 길'을 걷고 있다고 본다.

역사 속에서 음악적인 성과나 음악적 성향을 말하는 게 아니다.

'베토벤(Ludwig van Beethoven 1770~1827)'이라는 지구 역사상 위대한 음악가의 이름이 등장한 데 대해 클래식 애호가들이 고개를 갸우뚱할 필요는 없다.

내가 말하는 '베토벤의 길'은 당시 시대를 따져 볼 때 베토벤의 등장과 그의 음악이 이후 사회와 인간에게 미친 영향과 방향성을 말하는 것이다. 베토벤은 당시 시대에 가장 걸맞은 음악을 추구했다. 바로크음악을 거쳐 하이든(Franz joseph Haydn)과 모차르트(Wolfgang

Amadeus Mozart)로 대변되는 보헤미안풍 클래식이 남아 있을 때 베토벤은 그만의 음악을 추구했다. 그런데 시대와 함께 소통하는 그만의 음악이었다.

그의 음악은 시대에 걸맞게 인간이 중심이 된 음악이었다.

이전까지의 음악은 알게 모르게 종교계의 흔적이 남아 있었다. 바흐(Johann Sebastian Bach)나 헨델(Georg Friedrich Handel), 비발디(Antonio Vivaldi) 등이 로마가톨릭의 성직자거나 또는 교회에 속한 음악가라는 건 잘 알려진 얘기다.

그리고 그런 관습이나 흐름이 남아 있어서인지 베토벤 이전의 작곡가들은 종교적인 색채가 있는 곡을 일부러 작곡하기도 했다.

대표적인 곡이 바로 레퀴엠(Requiem)이다. 진혼곡이나 위령 미사곡으로 불리는 이 곡은 교회에서 죽은 사람의 영혼을 위로하는 곡이다.

언뜻 듣기에도 종교색이 없어 보이는 곡을 작곡했던 모차르트조차도 1791년 죽기 직전 레퀴엠을 작곡했다. 비록 미완성이라 후일 쥐스마이어(Franz Xavier Süggmayr)에 의해 완성하게 됐지만 모차르트의 레퀴엠은 유명하다.

베토벤 전후 유럽의 작곡가들은 마치 '필수곡'처럼 레퀴엠을 만들었다. 모차르트, 케루비니(Luigi Cherubini)가 있었고, 베토벤 이후에는 오페라 작곡가인 베를리오즈(Louis Hector Berlioz)와 베르디는 물론 포레(Gabriel Urbain Faure), 생상스(Camille Saint Saens), 브루크너(Anton Bruckner) 등도 레퀴엠을 작곡했다.

심지어 베토벤 따라쟁이라는 브람스도 작곡했고, 브람스와 친했던 드보르작까지 레퀴엠을 만들었다. 최근에는 <캣츠>, <오페라의 유령> 뮤지컬로 유명한 로이드웨버(Andrew Lloyd Webber)조차 1984년 정통 클래식 방식의 레퀴엠을 만들어 내놓았다.

한 조사에 따르면, 19세기에서 20세기 초까지 유럽에서 등장한 레퀴엠만 620여 곡이라고 했으니 당시 작곡가라면 무조건 레퀴엠까지 만들어야만 작곡가로서 '기승전결'을 이뤘노라 안심했다고 할 수 있다.

≈

종교보다 인간을 노래한 베토벤

그런데 베토벤은 레퀴엠을 만들지 않았다.

1770년에 태어나 1827년까지 베토벤이 생존해 있을 당시 유럽은 큰 변화의 시기였다.

영국에서는 1760년경부터 산업혁명이 시작됐고, 1789년 프랑스에서는 프랑스혁명이 일어났다. 바다 건너 미국은 1774년 독립선언을 한 뒤 1789년 워싱턴(George Washington)이 초대 대통령 자리에 올랐다. 1800년대로 들어서면 변혁기의 유럽은 더욱 혼란스러워진다. 1804년 나폴레옹(Napoléon Bonaparte)이 프랑스 황제로 즉위하면서 유럽은 전쟁에 휘말리게 된다.

1803년부터 시작된 전쟁은 1815년까지 진행되고 스페인, 영국, 오스트리아, 러시아, 헝가리 등 당시 유럽 전체가 참전한다. 이 사이 프랑스1공화국, 신성로마제국, 덴마크, 노르웨이 등이 멸망하며 육지와 떨어져 있던 영국이 힘을 얻게 된다.

독일의 본에서 태어나 일생 대부분을 오스트리아 빈에서 지낸 베토벤은 57세를 사는 동안 유럽과 미국의 변화를 지켜봤을 것이다.

고전주의와 낭만주의에 걸쳐 살았던 베토벤의 위대한 점은 바로 당시 시대정신을 제대로 이해하고 미래를 보는 눈을 가지고 작곡에 나선 점이다.

변혁기의 유럽은 종교의 굴레에서 벗어나 인간이 인간으로서 막 눈을 뜨기 시작할 때였다. 따라서 그의 음악은 인간이 중심이다. 종교적인 삼위일체의 영향으로 이전까지 협주곡이나 소나타의 형식이 3악장이 주였다면 베토벤부터는 사계절이나 생로병사처럼 인간의 생활에 초점을 맞추다 보니 4악장 짜리가 많아졌다.

현악사중주나 후기 피아노 소나타를 들어 보면 엊그제 작곡한 듯한 느낌이 들 정도로 현대적이다. 물론 겨우 200년 전의 일이긴 하지만 그래도 '엊그제 작곡한 듯한 느낌'이 들 정도라면 미래를 제대로 봤다고 해도 과언이 아니다.

그래서인지 베토벤의 종교음악은 빈약하다. 장엄 미사와 C장조 미사, 그리고 '올리브동산의 그리스도'라는 오라토리엄이 전부다. 이 중 <장엄 미사(Missa solemnis 1823년)>가 유명한데 종교혁명의 나라에서 태어나서인지 대부분 작곡가들이 라틴어판만 만든 데 비해 독어판도 남겼다.

종교적 색채가 흐린 대신 베토벤은 인류에게 불을 줌으로써 "인류의 문명을 깨우쳐 줬다"는 그리스 신화의 프로메테우스를 주제로 한 <프로메테우스의 창조물>이란 발레 음악을 1802년에 발표했다. 음악시장에 '프로메테우스'의 등장은 의미 있다. 종교의 시대에서 인간이 중심이 되는 시대로 바뀌고 있음을 알리는 몸짓이다.

베토벤은 당시 변하던 시대 흐름을 정확히 읽을 줄 알았다.

산업혁명과 프랑스혁명, 나폴레옹의 무의미한 전쟁을 통해 '인간 중심', '민주주의', '시민 권력'의 시대가 오고 있음을 알았던 것이다. 200년이 지난 오늘날은 '인간 중심'과 '민주주의'는 보편적인 상식이 됐다. 그래선지 그의 음악, 특히 후반기의 음악은 지금 들어도 현대적이라는 느낌을 받는 것이다.

≈
시대정신을 담는다. 재즈의 길도 마찬가지

그런데 나는 K팝이 감히 베토벤이 시대정신을 읽는 방식을 닮으려 한다고 말한다.

K팝은 기존의 대중음악이 가지고 있던 '지역화'를 최초로 깬 음악이다. 인터넷을 기반으로 전 세계 대부분 음악과 경쟁해 쟁취한 음악 장르다. 여기에는 종교, 인종, 나이, 성별, 개성을 초월한다.

위에서 말한 '지구 통합형 음악 장르'란 말은 달리 말해 시대정신을 제대로 반영한 음악이라는 말과 같다.

시대정신을 반영한 음악의 특징은 뭘까.

바로 시대정신이 보편적일 때 꽤 오랜 기간 사랑받는 점이다.

즉 가까운 미래에 인류가 화성에 가서 살고 남녀 간 역할이 지금과 현저히 다르게 바뀌고 정치 체제도 완전히 다른 세상이 온다면 K팝의 시대도 끝날 수 있다.

그러나 현재까지 '인간 중심', '서로 사랑', '생명 존중', '민주주의'와 같은 보편적인 시대정신은 바뀌지 않고 지속되고 있다.

지금도 지역적으로 특화된 좋은 음악은 많다.

개인적으로 좋아하는 스페인의 기타 음악과 플라멩코, 포르투갈의 파두와 파두와 오페라를 합한 듯한 요란다(Yolanda)의 음악 세계, 아르헨티나의 탱고, 미국의 재즈, 브라질의 보사노바, 아프리카의 타악기 리듬, 유럽 집시의 냄새가 아직도 남아 있는 루마니아 음악도 아주 좋다.

여기에 바르셀로나 중심의 카탈루냐 음악도 묘한 매력이 있고, 플라멩코에서 파생된 플라멩코 피아노도 듣는 나를 흥분시킨다.

그러나 이들 지역 음악들은 재즈를 제외하면 베토벤 급으로 진화하지 못했다고 본다.

물론 보사노바, 탱고는 하나의 장르로 자리 잡았다. 그러나 베토벤의 음악이나 인간의 자유를 노래한 재즈처럼 시대를 관통하는 보편적인 상식 속에서 인류의 역사를 이해하고 해독하는 능력에서는 조금 부족한 느낌이다.

아메리카대륙에서는 한때 베토벤과 유럽의 클래식을 이해하려는 시도가 있었다.

재즈풍의 음악을 만들어 온 거쉬인(George Gershwin)은 재즈와 클래식을 묶은 피아노협주곡 <랩소디 인 블루>를 만들었고, 브라질의 토종 작곡가인 빌라 로보스(Heitor Villa-Lobos)는 바흐의 음악에 발을 걸쳐 <브라질 풍의 바흐>와 같은 명곡을 남겼다.

다양한 지역 음악 중에서 재즈만이 유일하게 미국 문화의 확산이라는 호재에 힘입어 '인간의 자유와 낭만'을 무기로 유럽의 클래식에 버금가는 장르로 자리 잡는 데 성공했다.

≈
휴머니즘이 물씬 풍기는 K팝

그렇다면 K팝은 어떤 길을 갈까.

K팝은 우리 민족 특유의 한국식 자연주의에서 말하는 "세상은 돌고 돈다, 세상은 바뀐다, 바뀌는 세상에 순응하라"라는 단순한 진리를 실천한 음악이기도 하다. 또한 홍익인간 정신에 입각해 '사람을 사랑하는 음악'이기도 하다.

즉 K팝은 단순한 음악이 아니라 역사와 시대정신을 품은 음악이다. 판소리에서 기본을 물려받았지만 전 세계의 다양한 음악과 우리의 정신을 반영한 음악이다.

여기에 시대에 걸맞게 극상의 음악을 추구했다. 최고의 음악을 만들어 내기 위해 모든 걸 사용했다.

랩과 같은 다양한 노래 구성 요소는 물론이고 최상위의 춤까지 도입한 것도 모자라 컴퓨터까지 과감하게 접목시켰다.

미디(MIDI 전자 음악장치를 연결하는 표준 인터페이스)도 과감하게 차용했다. MR(한국식 반주 음악)을 넣어 실제 가수가 호흡과 발성의 문제로 부르기 힘든 구간까지도 음악으로 연결했다.

혹자는 MR의 과도한 도입으로 대중음악의 위상이 조금 변질됐다는 비판도 한다. 그러나 대중음악은 말 그대로 얼마나 대중들이 사랑하느냐가 음악의 포맷과 방향을 결정하는 것이다. 대중음악의 위상에 변화는 있을 수 있지만 모든 작곡가가 사용하는 MR을 실제 음악에 도입했다고 해서 음악의 본질을 건드린 건 아니다.

더구나 아이돌형 K팝은 격렬한 춤과 함께 노래를 불러야 한다. 물리적으로 인간의 호흡이나 발성만으로 2~3분간 쉼없이 부른다는 건 거의 불가능하다. 따라서 MR의 도입은 불가피한 측면이 있다.

아마 초기에는 실험적으로 MR이 사용됐겠지만 이제는 음악 소비자들도 그런 면을 이해하고 있기 때문에 하나의 방식으로 자리 잡았다고 할 수 있다. 또한 MR의 도입 초기에는 '립싱크'가 유행했지만 지금은 대중이 가창력 없는 가수를 인정하지 않기 때문에 특별한 이유가 없다면 립싱크를 하지 않는다.

1980년대 유명했던 몇몇 가수도 2000년대 나타난 서태지의 노래와 군무가 가미된 아이돌형 K팝을 처음 봤을 때는 '저게 무슨 노래냐? 저게 무슨 가수냐?'라며 의아해 했었다. 그러나 그들도 이제는 아이돌형 K팝을 대중가요 중 하나의 장르로 인정한다.

현재 K팝은 이처럼 가장 극단적으로 아름답고 즐거운 대중음악을 추구하고 있으며 시대에 맞춰 컴퓨터도 잘 활용하고 있다.

따라서 전 세계 사람들이 열광하며 함께 춤추고 노래하는 것이다.

≈

전 세계에 유사 K팝 아이돌들 등장

K팝이 베토벤의 길을 확실하게 걷고 있다는 건 어떻게 확인할 수 있을까.

바로 '베토벤 – 브람스'의 관계에서 답을 찾을 수 있다.

브람스는 '베토벤 따라쟁이'다. 베토벤의 위대함을 스스로 인정하며 자신은 아무리 노력해도 베토벤이 될 수 없음을 자각하고 평생을 베토벤을 따라잡는 데만 집중한 작곡가다. 브람스는 베토벤의 뒤를 철저하게 밟았고 따라했다.

바이올린 협주곡의 경우 전주가 끝나고 바이올린이 등장하는 시간대조차 비슷하다. 베토벤에게 첼로 협주곡이 없자 자신도 첼로 협주곡은 작곡하지 않았다. 후일 친구인 드보르작이 멋진 첼로 협주곡을 내놓자 그제서야 후회할 정도였다. 아마 레퀴엠을 작곡한 것 정도가 베토벤의 유산(?)을 거부한 유일한 사건일 정도다.

브람스는 베토벤의 가을까지만 따라했다. 베토벤이 새로운 음악의 봄, 여름, 가을, 겨울을 완성했다면 브람스는 베토벤의 겨울까지 가지 않았고 스스로 가을까지 따라했다.

베토벤 음악의 위대함은 바로 브람스 같은 따라쟁이가 탄생했다는 점에서 다시 되돌아보게 된다. 가을까지만 따라했음에도 브람스의 음악은 '하나의 걸작'이 됐고 나름 브람스다운 장르를 개척했다.

나는 요즘도 개인적으로 좋아하는 브람스의 피아노 협주곡 2번, '브람스의 눈물'이란 별명이 붙은 현악 6중주 1번 2악장, 바이올린 소나타 1

번 등은 자주 듣는다. 왜냐하면 브람스는 베토벤, 모차르트, 바흐, 드보르작과 더불어 작곡가 분류로 음악 시디를 따로 정리해 뒀기 때문이다.

비록 베토벤을 롤모델로 삼았지만 결과물 자체가 '브람스 음악'이 됐기에 그의 음악도 현재 높은 평가를 받고 있는 것이다.

K팝도 현재 전 세계에서 수많은 따라쟁이가 등장하고 있다.

유사 K팝 아이돌이 중국 등 아시아는 물론이고 유럽과 미국, 남미에서도 등장했다. 영미권의 프리티머치(Prettymuch)나 라틴그룹인 CNCO 등이 그들이다. 최근에는 영국의 4인조 여자아이돌 카치(KAACHI)가 <유어턴(Your Turn)>이란 곡으로 유럽권에서 인기를 얻고 있다.

비틀스나 마이클 잭슨을 따라했던 음악가도 물론 존재했다. 그러나 K팝은 장르가 복잡하다. 아이돌로 대변되는 K팝은 뛰어난 가창력 못지않게 댄스 실력과 랩, 팀원으로서 호흡이 필요하다.

비틀스나 마이클 잭슨을 따라하는 것보다 몇 배나 힘들다.

그럼에도 불구하고 K팝을 따라하는 '브람스'가 등장하고 있다.

아직 브람스의 등장이라고까지 말하긴 이르다고 할 수도 있다. 일본의 니쥬, 영국의 카치는 시작일 뿐이다.

즉 K팝은 지금 베토벤의 길, 또는 재즈의 길을 걷고 있다.

4

K팝은
'21세기의 미제레레(Miserere)'다

: 1700년대 유럽에서 마약과 같은 유혹이라 금지됐던 미제레레
: 지금 K팝은 '금지시키고 싶은 유혹'을 느끼는 음악이 됐다
: '인류애, 보편성, 평화'를 부를수록 독재국가는 불편

모차르트의 천재성에 대한 유명한 일화가 있다.

모차르트는 소년 시절 이탈리아에 가 음악 공부를 한 적이 있다.

1770년 열네 살의 모차르트는 시스티나 성당(Capella Sistina)의 성주간 미사에 갔다가 기막히게 아름다운 합창곡을 듣고 너무 아름다운 음악이라 그걸 그대로 악보에 옮겨 놓았다.

그런데 이 음악은 이탈리아의 작곡가인 그레고리오 알레그리 (Gregorio Allegri)가 1638년에 작곡한 <미제레레(Miserere)>였다.

중요한 건 <미제레레>를 악보에 옮겨 적은 일이 문제란 점이었다.

<미제레레>는 모차르트가 그 곡을 들을 때까지 무려 132년간 오직 시스티나 성당의 성주간 미사에서만 연주되는 곡이었다. 이유는 이 곡

이 처음 연주됐을 때 너무 아름다운 나머지 성당에 오는 여성들이 미사는 뒷전이고 오직 이 합창곡을 듣기 위해 모일 정도였다.

신앙이 우선이었던 당시 로마교황청에서는 할 수 없이 이 곡을 '금지곡'으로 정하고 경비를 세워 악보를 보관하기에 이른다. 심지어 필사도 금지시켰다. 따라서 이 음악을 들으려면 1년에 한 번 성주간에 시스티나 성당의 미사에 참석하는 것 외에는 달리 방법이 없었다.

한마디로 <미제레레>는 1638년부터 유럽 어디에서도 들을 수 없는 곡이었다. 그걸 모차르트가 악보를 머리로 듣고 필사해 버렸으니 큰 죄를 지은 셈이다. 다행스럽게 당시 교황이 모차르트의 천재성을 알아보고 용서를 해줬기에 망정이지 잘 못하면 소년 모차르트는 감옥 생활을 했을지도 모른다.

요즘 K팝을 보면 400여 년 전 작곡된 <미제레레>가 떠오른다.

<미제레레>는 구약성경 시편 51편의 가사로 쓴 15분 안팎의 합창곡이다. 신을 경배하고 찬양하는 내용의 단선율의 성가다. 그러나 얼마나 아름다웠으면 당시 그 음악을 들은 여성들이 이성을 잃고 신앙 생활 대신 음악 듣는 일에 빠졌을까.

K팝도 마찬가지다.

전 세계의 젊은이들이 한 번 들으면 빠져나오지 못하고 빠져든다. 지금의 중년층이 젊은 시절 비틀스와 마이클 잭슨에 빠져드는 것과 같다.

일부 보도를 보면 서구권에서조차 부모 세대나 보수적인 문화에서는 K팝의 확산과 자신들의 아이들이 K팝에 빠져드는 것에 우려의 목소리도 존재한다.

K팝은 보수적인 중국, 이슬람권 국가에 두려운 존재

급기야 K팝을 가장 두려워하는 곳이 결국 등장했다. 바로 정치권과 여성의 인권이 상대적으로 배제되는 이슬람권이다.

2020년 미국 대선에서 K팝 팬들이 특정 후보를 소외시키는 데 힘을 모은 적이 있다. 이후 세계 각국의 정치권에서는 K팝 팬들의 정치 세력화에 촉각을 곤두세우고 있다.

이미 지난해 BTS와 한국전쟁을 '항미원조'로 보며 논쟁을 일으켰던 중국공산당은 K팝에 대해 과도한 경계에 나섰다.

화장한 남자 연예인의 TV 출연을 금지시키고 팬들이 연예인에게 물질적인 선물을 하는 조공문화까지 금지시켰다. 아마 2022년부터는 지하철이나 열차, 버스에 "아무개의 생일을 축하합니다, 중국 **팬클럽"의 축하 광고는 사라질 것으로 보인다.

이슬람권의 경계는 이제 시작 단계다.

사우디아라비아처럼 여성 인권을 조금씩 키우는 곳과는 달리 터키나 미국을 축출한 아프가니스탄에서는 벌써 경계하는 목소리가 높아지고 있다.

터키 정부는 '자유, 평등, 여성 해방'은 물론 '소수자의 인권'까지 다양한 시대적 이슈가 들어 있는 K팝을 '특별 관심 대상'으로 지목하고 지켜보고 있다.

여성의 얼굴뿐 아니라 눈만 내놓게 하려는 아프가니스탄 탈레반 정부의 시각도 그리 호감일 것 같지는 않다는 게 전문가들의 견해다.

그러나 이들 국가의 K팝에 대한 제제는 성공하기 어렵다.

이미 지구촌은 개방됐고 인터넷으로 인해 시공간에 상관없이 세계 곳곳에서 일어나는 사건사고를 모두 알게 되는 세상이 됐기 때문이다.

자유민주주의, 여성 인권 신장 등은 인류가 가고 있는 보편적 가치다. 결국 주류 문화의 하나로 자리잡은 K팝은 저절로 퍼질 수밖에 없다. 오히려 자유, 평등과 같은 보편적 가치를 퍼뜨리는 데 좋은 역할을 할 가능성이 크다.

베를린 장벽이 무너진 뒤 이어 소련이 붕괴된 이면에 1989년 독일의 밴드인 스콜피언스(Scorpions)의 <윈드 오브 체인지(Wind of Change)>라는 노래가 큰 역할을 했음은 역사가 증명했다.

나는 K팝이 인류에게 이런 역할을 해 줄 것으로 보고 있다. 지금의 10대는 30~40년뒤 지구를 움직이는 주력이 될 것이기 때문이다.

K팝에 한번 빠지면 헤어나기 힘들다. 왜냐하면 현존하는 대중음악 중 가장 세련되고 가장 듣기 신나고 가장 멋지기 때문이다.

≈
K팝의 영향력, 향후 30년은 넉넉히 유지한다

게다가 뒤에서 나오지만 한류나 K팝 시장 자체가 스스로 성장해 가는 선순환 시스템이 됐기 때문에 일시적인 현상이 아닌 최소한 지금의 10대가 40대가 될 때까지 최소한 한 세대 간인 30년 이후까지는 이어질 것으로 보인다.

내 주변을 봐도 20세 전후를 시작해 듣기 시작한 비틀스와 아바(ABBA), 사이먼과 가펑클, 마이클 잭슨 등의 노래는 나이가 들었어도 여전히 마음을 움직인다.

4

BTS의 탄생, 케이팝을
선순환 시스템으로 만들다

: 2017년 BTS의 <피, 땀, 눈물>이 캐즘(chasm) 벽 돌파시켜
: K팝은 현재 '전기 수용자' 시장에 진입해 세계에 정착 단계
: 블랙핑크, 브레이브걸스도 선순환의 수혜자

마케팅 용어로 캐즘이론이 있다.

캐즘(chasm)은 지질학 용어로 지층이 이동하면서 생긴 깊고 넓은 틈을 말한다. 일종의 단절을 의미하는 단어로 신상품이 초기에 얼리어답터(2.5%)나 초기 수용자(13.5%)의 단계를 넘어설 때 캐즘이 등장한다는 이론이다.

만일 이 캐즘을 돌파하면 이후 신상품은 전기 수용자(34%)가 사용하기 시작하면서 뒤이어 후기 수용자(34%)까지 사용하게 되면 전체의 68%에 이르는 일반 사용자가 생기면서 이 신상품은 완벽하게 시장에 안착한 것으로 평가를 받는다.

대부분 벤처 기업들이 이 캐즘을 넘지 못해 쓰러진다고 한다. 최근 삼

성전자가 내놓은 폴더블폰은 이제 막 캐즘을 돌파해 전기 수용자 단계로 진입한 것으로 보고 있다.

K팝 또는 한류를 케즘이론에 대입해 보면 어느 단계일까.

나는 캐즘을 돌파해 막 전기 수용자 단계로 진입한 것으로 보고 있다. 2000년대 초반부터 2010년까지 K팝은 얼리어답터들이 소비했다. 주로 중국과 일본 등 아시아 국가와 일부 중동 국가들이 여기에 속한다. 2013년 싸이의 <강남스타일>이 전 세계를 강타하면서 K팝은 초기 수용자들이 소비하기 시작했다. 비록 싸이가 뉴욕과 런던, 파리에서 공연하는 데 성공했지만 일시적이었지 한류가 문화의 주류 시장인 유럽과 미국을 석권했다고 보기는 어렵다.

그런데 이후 캐즘을 뚫는 사건이 발생했는데 바로 BTS가 그 일을 해냈다.

싸이와 BTS 사이에는 EXO, 2NE1을 포함한 수많은 K팝 아티스트가 해외로 진출해 한류를 뿜냈다. 공항에 수많은 팬이 몰리고 공연장 주변에서 밤을 새면서 미디어의 관심을 받기도 했다. 그러나 K팝의 소비층이 워낙 10대 위주라서 서구권에서 확산하는 데는 한계가 있었다.

그 캐즘을 깨트리고 K팝을 전기 수용자 시장에 데려다 놓은 존재가 바로 BTS다.

≈
BTS, K팝의 세계화에 불을 붙이다

나는 2017년 가을 즈음 우연히 BTS의 <피, 땀, 눈물> 뮤직 비디오를 봤는데 5초도 지나지 않아 '와' 하는 소리를 질러야 했다.

이전의 동방신기부터 슈퍼주니어, 2PM, EXO의 노래와 많이 달랐다. 뭔지 모르게 더 멋있고 더 중독적이고 더 앞서 나간 듯한 비트와 리듬이 들어 있었다. 특히 뮤직 비디오는 그때까지 본 어떤 뮤비보다 완성도가 높았다.

BTS의 <피, 땀, 눈물>을 본 뒤 주변 친구들에게 이런 말을 했다.

"완전히 달라. 더 진화했어. 무조건 일단 봐. 느껴야 세상이 어떻게 변하고 있는지 알 수 있다."

"그래? 근데 진짜 BTS가 누구야?"

주변 친구들은 사실 BTS가 누군지 몰랐다. 당시만 해도 한국에서는 대중들에게 덜 알려졌을 때였기 때문이다.

이후 펜실베이니아주립대 샘 리처드(Sam Richards) 교수가 자신의 강의에서 "성공하고 싶다면 BTS를 알아야 한다"며 한류와 한국 문화의 성공에 대해 얘기하기 시작했다.

그리고 그다음은 모두 알다시피 BTS는 2014년 데뷔 때부터 축적해온 멋진 노래와 신곡들로 지구 곳곳에서 자발적인 팬들이 끄집어내며 시너지가 폭발했다. 더불어 다른 아이돌의 노래는 물론 다른 한국 드라마 등에도 영향을 주기 시작해 지금은 한류가 서구권의 주류 문화로 스며들고 있다.

한류가 전기 수용자 단계에 진입해 스스로 굴러가는 선순환 사이클로 들어선 것도 따지고 보면 BTS의 덕이다. 선순환 사이클로 돌입했다는 건 BTS의 뒤를 잇는 후속 그룹이 등장하고 있는 게 증거다.

블랙핑크(Blackpink)는 여자아이돌 그룹으로는 드물게 세계적인 그룹이 됐다. 지난 9월 초 리사가 내놓은 솔로곡 <라리사(lalisa)> MV는 공개 이틀 만에 1억 뷰를 돌파했고 이를 계기로 공식 팔로워가 무려 6600만 명을 돌파해 세계에서 가장 팔로워가 많은 아티스트가 됐다. 참고로 이전까지 1위였던 저스틴 비버(Justin D. Bieber)는 6520만 명, BTS는 6120만 명이다. K팝의 고향인 한국의 대중음악 시장의 뉴스가 세계적으로 화제가 되는 것도 또 다른 선순환의 증거다.

BTS의 성공은 한류의 고향 한국의 엔터테인먼트 업계에도 세대 교체의 바람을 가져왔다. 기존의 SM, YG, JYP엔터의 3강 구도에서 JYP를 제외하면 나머지 2강은 현재 하락세다. 대신 BTS를 배출한 하이브가 치고 올라왔고 싸이의 P네이션도 새로운 강자로 떠올랐다. P네이션은 최근 진행된 남자 아이돌 오디션 프로그램인 <라우드(LOUD)>에서 아이돌 그룹의 명가로 불리는 JYP와의 편곡 및 기획 대결에서 6 대 0으로 이기는 저력을 보여줬다.

하이브와 P네이션은 기존 3강과 달리 '자유스럽고 창의적'이라는 시대정신에 어울리는 기업문화로 팬과 국민들의 지지를 받고 있다.

≈

블랙핑크, 브레이브걸스도 선순환의 수혜자

이젠 한국에서 벌어지는 한류 및 K팝에 관한 시시콜콜한 얘깃거리까지 지구촌에서는 뉴스가 된다. 마치 예전에 전 세계 미디어들이 영국 왕실에 관심을 가지던 것과 비슷하다. K팝이 세계 대중음악계에서 '셀럽'의 대우를 받고 있는 것이다.

지난 봄 브레이브걸스의 <롤린>이란 곡이 4년 만에 역주행하며 음악 방송 1위를 차지하자 외신은 군인들과 예비군들이 지지해 준 과정까지 자세하게 취재를 해 기사를 날렸다.

또한 한국에서 진행되는 아이돌 오디션 프로그램인 <걸스플래닛999>에서는 앱을 통한 글로벌 투표 방식을 도입했는데 전 세계에서 4360만 명 안팎의 팬이 자신이 지지하는 소녀에게 투표를 했다.

한국에서 어떤 새로운 아이돌이 탄생하고 어떤 신곡이 나왔는지는 실시간으로 화젯거리가 되며, 이런 사실만 보도해 주는 뉴스와 유튜버들도 엄청나게 많다.

이제 한국 엔터테인먼트 업계는 눈을 해외로 돌리고 있다. JYP가 일본에서 이미 일본인 9명으로 만들어진 니쥬(NiziU)를 선보여 일본 대중음악 시장을 거의 싹쓸이하고 있는 중이다.

지금은 니쥬의 성공에 힘입어 K팝의 현지화가 대세로 등장했다.

BTS의 하이브는 미국의 유니버설스튜디오와 손잡았고, SM은 MGM과 함께 미국 LA에서 오디션을 통해 캐스팅한 뒤 서울에서 훈련시키는 프로젝트를 진행할 예정이다.

CJ는 HBO와 함께 라틴 아메리칸으로 K팝 아이돌 그룹을 만든다는 전략이다. 일본에 이어 아메리카대륙까지 이미 접수한 셈이다. 아마 보수적인 유럽대륙에서도 조만간 한국의 손길이 닿은 K팝 아이돌이 탄생하는 것은 확실하다.

이미 동남아시아, 라틴아메리카, 유럽에서 자생적으로 K팝 아이돌을 흉내 내는 음악 그룹이 탄생해 활동 중인 사실은 위에서 밝힌 바 있다.

이처럼 할리우드로 대변되는 미국에서 서로 한국의 대형 기획사와 손잡고 K팝 아이돌을 만들려는 건 바로 그만큼 '돈이 되고 화제가 되기' 때문이다.

제2의 BTS, 블랙핑크 등장한다

돈이 흘러온다는 건 이미 성장형 산업으로 성장했다는 뜻이다.

한국국제교류재단에서 밝힌 한류 팬은 2020년 9월 기준으로 1억 477만 명이다. 전 세계에 한류와 관련된 동호회만 1835개니 <대장금>, 싸이가 뿌리고 BTS가 개화시켜 커지고 있는 한류와 K팝의 위상을 알 수 있다.

중요한 건 이제부터가 시작이라는 점이다.

아직 K팝은 해외에서 10대와 20대의 영역으로 분류되고 있다. 기존의 미국 팝과 밴드에 익숙한 40대 이후 유럽인들은 K팝을 잘 모른다. 따라서 그래미상처럼 기존의 틀 속에 갇혀 있는 곳에서는 여전히 K팝의 가치를 제대로 보지 못하고 있다.

그러나 현재의 10대, 20대가 계속 나이를 먹어 간다고 하자.

K팝은 이제가 시작이고 조만간 BTS와 블랙핑크의 뒤를 잇는 새로운 아티스트들이 등장할 것이다.

BTS가 만들어 놓은 'K팝 생태계'는 현재 스스로 커가고 있다. 아직 청소년기일 뿐이다.

60년대생 한국인에게
일본 문화란 어떤 존재였나

: 할아버지는 〈황성의 달〉을, 일본 관광객은 〈아리랑〉을 불렀다
: 서울 올림픽 전후 일본 노래는 세련미의 극치,
  그러나 다케미츠가 자살하며…

나를 포함한 60년대에 태어난 한국인에게 일본 문화에 대한 속내는 복잡하다.

일본 강점기를 산 돌아가신 할아버지나 장인 장모는 일본말을 곧잘 하셨다. 특히 장인 장모는 일본 관광객들과 자유롭게 소통할 정도로 아주 잘하셨다.

아무튼 우리 세대는 초등학교부터 대학까지 전체 교육과정에서 36년 간의 일제 강점기와 해방에 대해 지겨울 정도로 들었고, 따라서 2021년 지금도 일본에 대해 애증이 있다. 물론 밉지만 우리보다 잘사는 나라에서 배울 건 배워야 했다는 이율배반적인 속마음이 있었기에 애(愛 사랑)보다는 증(憎 미움)의 마음이 좀 더 크다.

내가 20대 후반이던 1988년 서울 올림픽이 열리면서 겨우 먹고 살 만하게 됐다고 느꼈지만 불과 10년 뒤 1998년 한국은 IMF의 금융위기까지 겪었다. 1990년대 일본은 거품 경제가 막 꺼지기 시작할 때이긴 해도 세계 최고 부자국가라는 이미지가 있었다.

따라서 2000년이 오기 전까지 일본에 대한 이미지는 '뭔가 배울 게 있

는 문화'의 위치에 있었던 게 사실이다.

1995년 직장생활을 할 때 여름휴가로 경주에 간 적이 있다. 당시 기차를 타고 갔는데 앞좌석에 60대 일본인 부부가 앉아 있었다.

외국인데다 낯선 사람과 마주 앉아 있어선지 줄곧 무표정이었던 일본인 남자는 기차가 대전역을 지나 경주역에 가까워지자 입으로 노래를 흥얼거리기 시작했다.

"아리랑~ 아리랑~ 아라리요~"

분명 그는 한국말을 전혀 하지 못했지만 이 노래만큼은 정확한 발음으로 흥얼거렸다.

나는 신기해하면서 속으로 '아 저 사람은 재일동포거나 해방 전 어릴 적에 한국에 살았던 적이 있었나 보다' 하는 생각이 들었다.

그때 내 머릿속에 떠오른 노래는 어렸을 때 할아버지가 가끔 흥얼거리시던 <황성의 달(荒城の月 고조노스키)>이란 노래였다.

"하루고오 로오노 하나노에응, 메그루사 가쯔기…"

일제 강점기를 산 한국인이라면 다 아는 노래로 일본을 대표하는 노래이기도 하다. 120년 전인 1901년 다키렌타로(滝廉太郎 1879~1903)가 작곡한 곡으로 지금 들어봐도 시대를 떠올리면 상당히 세련되고 슬픈 동양적인 멜로디를 잘 살린 노래다. 동양적인 멜로디가 아름다워서일까, 벨기에의 슈브토뉴 수도원(Chevetogne Abbey)에서는 1932년부터 미사곡으로 번안해 부르기도 했을 정도다.

한국인에게는 <황성의 달>, 일본인에게는 <아리랑>이 서로의 문화를 이해하는 노래였다.

그러나 황성의 달을 떠올렸다고 한 데는 바로 아무리 아름다운 노래라도 일본 노래였기에 그때의 한국에서는 금지곡처럼 부르길 주저해 공식적으로나 사석에서도 거의 <황성의 달>을 들어본 적이 없었기 때문이다. 돌아가신 할아버지가 가끔 흥얼거리시던 가락만이 귀에 남을 뿐이었다.

1901년에 저토록 멋진 노래를 만들 수 있었던 일본. 이후 거의 100년간 일본 문화는 한국을 비롯한 동아시아는 물론이고 서양에서도 '독특하고 멋진 문화'로 각광받았다.

경제적으로 기술적으로 일본이 최전성기였던 1990년대 중후반에는 서양 문화의 자랑이었던 프랑스에서 젊은이들 사이에서 일본 문화 붐이 번지기도 했다.

1999년 파리에 갔을 때 그곳은 '일본 붐'이었다. 관광객의 절반 이상은 일본인이었고, 파리의 젊은이들 사이에서는 일본 친구를 사귀는 게 부러움의 대상이었다.

≈
1990년대까지는 일본 유학, 일본 베끼기 성행

극동 3국 중 가장 먼저 서양 문물을 받아들였고 경제적으로도 풍요로웠기에 일본의 문화는 중국과 한국과 비교하면 압도적이었다.

따라서 한국과 중국에서는 1900년대부터 수많은 젊은이가 '뭔가 배울 게 있을까' 하며 일본으로 건너갔다.

중국의 「아큐정전(阿Q正傳)」도 스물 한살 때 일본으로 유학을 간 루쉰(魯迅 1881~1936)이 쓴 소설이고, 우리나라의 국민 시처럼 된 "죽는 날까지 하늘을 우러러 한 점 부끄럼이 없기를 잎새에 이는 바람에도 나는 괴로워했다"를 쓴 윤동주 시인도 일본 유학을 했으며 일본 감옥에서 숨을 거뒀다.

한국이 자랑하는 삼성그룹 얘기도 빼놓을 수 없다.

이병철 창업주는 젊은 시절 일본을 유람하며 사업 아이디어를 구상했고 귀국 후 삼성상회를 창업했다. 1980년대에는 연초마다 이병철 창업주가 일본으로 건너가 일본의 경제기술 담당 기자들과 식사를 하며 아이디어를 얻어 새로운 사업 구상을 한 것도 잘 알려진 얘기다.

당시 신문은 물론이고 경제계나 사회 곳곳에서는 이병철 회장이 일본에서 귀국 후 얼마 뒤 벌어지는 삼성그룹의 인사와 조직 개편, 신사업 발표가 초미의 관심사였다.

당시 일본은 우리가 따라갈 수 있을지 의심이 들 정도의 선진국이었기에 모든 걸 흉내 내는 것만으로도 한국에서는 큰 성공을 할 수 있었다. 따라서 비범한 사고를 가졌던 이병철 회장의 판단이 당시만 해도 작았던 한국 경제에는 충격적인 일이기도 했던 것이다.

경제계뿐이 아니다. 대중문화 쪽의 영향력은 정부에서 규제를 했음에도 불구하고 워낙 격차가 커 더 심했다.

1980년대까지 한국의 대중가요는 알게 모르게 '일본 베끼기'가 심했다. 당시 가요 순위 방송인 가요 톱텐에서 1위를 한 소방차의 <G카페>라는 노래가 일본 가수 구와타 밴드의 <스킵드 비트(Skipped Beat)>를 표절했다는 의혹은 지금까지도 논쟁 중이다.

이 밖에도 현재 유튜브에는 일본 노래를 표절했다고 의심되는 노래를 모아 놓은 동영상도 많이 올라와 있는데 의외로 지금도 TV에서 보는 유명 가수나 프로듀서의 노래도 들어 있어 놀라기도 한다.

현재 중국이 우리나라 <윤식당>과 같은 TV 프로그램을 저작권 없이 표절해서 문제가 되는데 당시에는 우리가 일본 방송을 베끼기 바빴다. <몰래카메라>는 개그맨 이경규가 일본 유학을 하며 아이디어를 가져와 우리나라에 그대로 적용해 한때 큰 인기를 끌었다.

다행스럽게 한국은 1992년 '서태지와 아이들'이 <난 알아요>라는 독특한 음악을 선보이자 기존 대중음악계가 각성을 시작해 1990년대 한국 음악은 일본에 버금가거나 뛰어넘는 음악이 등장하기 시작했다. 그런데 사실 서태지의 <난 알아요> 역시 밀리 바닐리(Milli Vanilli)의 노래를 표절했다는 논쟁이 지금도 있다는 점이다. 서태지는 밀리 바닐리의 노래를 좋아했고 표절은 아니고 일부 '샘플링'을 가져왔다고 했지만 이 부분은 전문가에 따라 '표절이다', '그 정도는 아니다'로 나뉘어 있다.

그러나 <난 알아요>가 한국 대중문화계의 방향을 바꾼 건 확실하다. 힙합과 랩과 댄스 등을 도입하고 차용한 것은 역사라는 큰 줄기로 봤을 때 칭찬받을 일이지 비난받을 일은 아니다.

나는 K팝의 뿌리가 조선시대 판소리라고 믿지만 현재 서양에서는 K팝의 시작을 <난 알아요>로 인정한다.

2019년 뉴욕 링컨센터에서 열린 'K-Factor: An Orchestral Exploration of K-pop'에서 오케스트라로 K팝에 대한 헌정 공연이 있었는데 15분짜리 예고 동영상을 봐도 <난 알아요>로 시작해 <난 알아요>로 끝난다.

현재 우리나라 K팝을 이끌고 있는 BTS, 블랙핑크 등이 태어날 때쯤, 좀 더 거슬러 올라가 이들이 엄마 뱃속에 있을 때 귀로 들었던 대중노래는 대부분 서태지가 뿌려놓은 씨앗이 발아돼 핀 곡들이었음을 감안하면 서태지의 역할에 대한 평가는 인간이 아닌 역사가 담당해야 할 몫이라고 본다.

2000년 이후 한국 드라마, 노래 등 저력 발휘 시작

그런데 2000년 이후 세상은 변하기 시작했다.

한국은 1990년대까지 서양과 일본 등 선진국으로부터 좋은 걸 받아들이고 때론 베끼기도(?) 하면서 발전을 했다. 이때부터 대중음악 쪽에서는 서태지의 등장으로 아이돌이 등장하기 시작했고, 영화에서는 남북문제를 다룬 <쉬리(1999)>와 PC통신 시대를 그린 <접속(1997)>의 등장 등이 소재와 상상력, 표현의 극대화에 기초를 다지기 시작했다.

한마디로 여기저기에서 좋은 점을 받아들인 한국 문화가 막 꽃을 피우기 시작한 것이다.

그런데 일본의 사정은 좀 달라 보인다.

한국은 1998년 외환위기를 '금 모으기 운동' 등으로 훌륭하게 극복하며 새로운 전기를 마련하며 심기일전하는 계기로 삼았지만 일본은 거품 경제에 여전히 취해 있었던 건 아닐까.

1990년대 초중반 전성기가 지난 뒤 이후 극심한 거품 경제가 꺼지기 시작하면서 1990년대 후반부터 일본은 극심한 불황으로 돌입한다. 성장만 알던 한 국가가 하락세로 돌아서면 모든 사이클은 나쁜 방향으로만 달린다. 경제가 어려워지자 일본 기업들의 대응도 늦어지며 변화할 시기를 놓치기 시작했다.

문제는 1890년 이후 거의 100년간 탈아입구(脫亞入歐)를 부르짖으며 거침없이 달려왔고, 비록 1945년 패전했지만 이후 경제 호황으로 선진국 반열에 오른 일본의 지나친 자신감이다.

분명 경제 거품이 사라지고 있었음에도 불구하고 지나친 자신감은 여전히 어깨에 힘으로 남아 있었으니 이때부터 일본은 국가 전체가 갈

라파고스적 성향을 가지기 시작했다. 아마 이때부터 일본 문화도 최정점을 지난 것으로 보인다.

그러나 대부분 일본 국민들은 이 흐름을 느끼지 못했을 것이다.

독특한 작곡가로 내 머릿속에 기억되는 다케미츠 토루(武滿徹 1930~1996)는 이 같은 흐름을 읽었을까? 일본의 최전성기인 1996년 2월 그는 30세나 어린 부인과 동반 자살하며 생을 마감했다.

그리고 내 기억 속의 일본 문화는 이후 뚜렷한 무언가로 연결되지 못한다.

2000년대 초반 뉴에이지 음악이 유행할 때 노무라 소지로(野村宗次郎)나 구라모토 유키(倉本裕基)의 음반 정도가 각광을 받았고, 소설가 무라카미 하루키(村上春樹)의 「노르웨이 숲」이 인기를 얻으며 한동안 일본 소설의 번역이 많아진 것 정도.

좀 더 덧붙이자면 <천공의 성(天空の城)>, <이웃집 토토로> 등 몇몇 독특한 일본 영화도 극장에서 상영됐다. 그러나 이때쯤부터는 한국의 영화와 드라마가 막 일본에 상륙하기 시작했다. 그리고 일본의 아줌마들이 '배용준'을 보기 위해 한국 관광에 나서기 시작했고, 이들은 드라마 <겨울연가>의 촬영지인 남이섬에 몰리며 남이섬이 한류 관광지로 떠오르기 시작했다.

이후 일본에 대한 기억은 그리 많지 않다. 점점 적어지기 시작했다는 표현이 더 옳다.

병아리를 키우는 게임기 '다마고치'가 있었고, 소니의 PS라는 게임콘솔이 퍼졌지만 영향력은 점점 줄어들었다.

2021년 현재는 조카들이 닌텐도로 건강 게임을 하는 정도로 남아 있고, 애니메이션이나 게임 분야에서 일본 음악이 조금 우위에 있을 뿐이다.

단상 2 　니지(Nizi) 프로젝트와 JYP의 일본인 걸그룹 니쥬(NiziU)의 탄생

: 한국과 일본의 대중문화 역전 현상의 '확인'
: 아이돌이 되기 위해 '한국 유학도 불사하는' 일본의 10대
  '등장'

2020년 6월 초 쯤 우연히 유튜브에서 니지 프로젝트가 있다는 것을 알게 됐다.

가수이자 프로듀서인 박진영 씨가 일본의 소니와 손잡고 일본 전역에서 오디션을 하고 여기서 뽑힌 인재들을 한국에 데려와 경쟁 오디션을 통해 일본인으로 구성된 걸그룹을 탄생시키는 과정을 TV로 내보내는 계획이다.

그동안 우리나라 아이돌을 보면 한국인 멤버에 일본이나 중국, 태국, 타이완 멤버가 포함된 적은 있지만 전원이 외국인인 아이돌 그룹은 없었다. 따라서 이 프로그램이 완성되면 최초의 외국인으로만 구성된 아이돌이 등장하게 된다.

한국의 TV에서는 방영되지 않았기 때문에 늦게 알게 됐지만 난 그때까지 진행된 모든 에피소드를 사흘간 밤잠을 줄여가며 모두 봤다.

유튜브 동영상이라 화질이 좋지 않았지만 그래도 감동을 느끼기에는 부족함이 없었다. 워낙 나에게는 신선하게 다가왔기 때문이다.

니지 프로젝트는 한국의 오디션 프로그램과는 다른 점에서 큰 감동을 줬다.

55세 이상의 한국인이라면 젊은 시절 누구나 한 번쯤은 '일본에 가서 뭐 좀 배워올 게 없을까' 생각한 적이 있을 것이다. 그만큼 일본은 한국보다 잘사는 선진국이었기 때문이다.

실제로 1990년대에는 일본으로 건너가 이런저런 공부를 한 사람이 많았다.

개그맨 이경규도 갔었고 탤런트 김응수도 일본에서 연기 공부를 했다. 가수 김연자는 19세 때부터 일본으로 건너가 활동할 정도였다.

연예인이 아니더라도 주변에는 일본으로 가 제빵학교나 안경학교를 다니고 자격증을 가지고 들어와 한국에서 가게를 여는 경우도 많았다.

≈
한국 합숙 후 진행된 오디션은 최고의 감동

그런데 니지 프로젝트는 이전과는 정반대로 일본의 10대들이 한국에서 걸그룹으로 데뷔하는 꿈을 이루기 위해 노력하는 모습을 생생하게 보여줬다.

20년 전까지만 하더라도 일본에서 한국으로 뭘 배우러 온다는 건 상상조차 할 수 없는 일이었다. 그런데 한국 스타일 걸그룹이 되기 위해 일본 각 도시는 물론 하와이와 로스앤젤레스에서까지 진행된 오디션에 무려 1만 231명의 지원자가 몰렸다.

이 중 26명을 뽑아 도쿄에서 5일간의 합숙 기간을 거친다. 도쿄의 합숙은 또 다른 경쟁으로 아주 치열했다. 왜냐하면 이 경쟁을 이겨 내야 마지막 한국으로 가는 티켓을 따기 때문이다. 한국으로 가게 되면 이후 6개월간 노래와 춤 등을 배우고 익힌다. 이 과정을 통과해야 최종적으로 걸그룹으로 데뷔할 수 있는지 여부를 판가름받는다.

6월 초 내가 유튜브를 통해 이 프로그램을 볼 때는 이미 스물여섯 명 중 뽑힌 열세 명이 한국으로 왔고 이곳에서 새로운 미션이 진행 중이었다.

일본의 10대들이 걸그룹의 꿈을 한국에서 이루겠다며 열심히 땀을 흘리는 장면은 누구에게나 감동을 주는 장면이었다.

참가한 일본의 10대는 대부분 2001년부터 2005년생이다. 이들의 부모는 40대 중반 전후일 것이다. 이들 부모가 이들을 낳을 때는 <겨울연가>가 일본에서 인기를 얻으며 나름대로 한류가 바람 불기 시작할 때였다. 따라서 이들 10대는 어릴 때부터 한류의 영향을 받고 자라기 시작한 세대다.

더욱이 막 세상을 배우는 초등학교에 들어갈 때 쯤에는 카라나 소녀시대, 동방신기 등이 일본에 진출해 인기를 끌었다. 이들의 눈에 한국은 아이돌을 만들어 내는 대단한 나라였다.

게다가 2015년에는 <식스틴>이라는 오디션 프로그램을 통해 트와이스(TWICE)라는 걸그룹이 탄생하는 걸 봤고 아홉 명의 트와이스 멤버 중에 세 명의 일본인이 있다는 사실도 알고 있다. 즉 이들은 아이돌 문화에 대한 이해도가 높았고 오디션의 역할이나 한국의 트레이닝 시스템과 한국의 연습생 생활까지도 속속들이 알고 있는 세대였다.

부모와 이들 10대가 함께 한국의 문화 시스템에 대해 공감하고 있으니 마코, 미이히, 리마, 유나 등 오디션에 참가한 네 명은 아예 박진영 프로듀서의 회사인 JYP에 연습생 시험을 보고 합격해 한국으로 건너와 연습생 생활을 할 정도였다.

≈
정식 데뷔 전 홍백가합전 출연,
CF 등 휩쓸며 사회적 현상 만들어

결국 치열한 경쟁을 통해 아홉 명이 추려져 2020년 6월 말 니쥬
(NiziU)라는 새로운 걸그룹이 탄생했다.

연습생 출신인 마코, 미이히, 리마가 합격했고 마야, 리오, 리쿠, 마유
카, 아야카, 니나가 최종 멤버로 결정됐다.

날짜를 따져 보면 막내인 니나가 2019년 8월 21일 오디션을 봤으니 불
과 10개월 만에 일본의 평범한 10대 소녀가 세계를 상대로 승부를 걸

어 볼 만한 거대한 기획사의 걸그룹 멤버로 위상이 바뀐 것이다.

니쥬의 프리 데뷔곡인 <메이크 유 해피(Make You Happy)>는 일본어 버전을 먼저 선보였는데 발매 후 일본 오리콘 차트를 비롯해 모든 음악 관련 사이트를 휩쓸었고 유튜브에서는 한 달여 만에 1억 뷰를 돌파했다. 2021년 9월 현재 2억 7000만 뷰를 돌파했다.

니쥬는 등장과 함께 일본에서 새로운 현상으로 떠올랐다.

춤동작 중 유명한 '줄넘기 동작'은 일본의 유명 연예인까지 따라하며 SNS에 올릴 정도였다. 한국에서 만들어진 일본인 걸그룹임에도 인기는 수직 상승했고 롯데껌, 코카콜라 등 광고CF는 물론 3~4개의 잡지의 표지에도 실렸다. 연말에는 도쿄 시부야(澁谷)의 한 건물에 대형 사진이 전시됐고 니쥬 멤버들은 수많은 TV 방송에 출연하느라 아주 바쁜 일정을 보냈다.

2020년 12월 2일에는 <스텝 앤 어 스텝(Step and a Step)>이란 곡으로 정식 데뷔했다.

그리고 채 한 달도 안 돼 일본의 유명 가수들만 출연한다는 NHK의 홍백가합전에도 출연했다. 출연 결정은 11월이었으니 정식 데뷔 전에 이미 일본의 셀럽이 된 것이다.

한마디로 니지 프로젝트는 한국이 일본의 10대들에게 꿈을 이뤄줬다는 사실만으로도 감동을 주는 프로그램이었다.

단상 3　　니쥬는 2020년판 '현대차 포니(Pony)'다

: 이탈리아 디자인에 일본 엔진 붙여 미국 수출 성공한 '포니'
: 제품이 아닌 '한국식 아이돌'이란 문화를 세계에 수출한다

일본인 아홉 명으로 된 니쥬를 보며 내가 가장 먼저 떠올린 단어는 '포니(Pony)'였다.

포니는 현대자동차에서 만든 한국 최초의 고유 모델 차이자 한국 최초로 수출을 한 차다. 1974년에 선보였는데 엔진을 만들 수 없어서 일본의 미쓰비시에서 엔진과 수동변속기를 가져와 만들었다. 차 디자인은 이탈리아에서 했다.

포니가 세상에 본격적으로 알려지기 시작한 건 1986년 1월 미국에 수출하면서부터. 포니엑셀이란 이름으로 수출했는데 저렴한 가격 덕분에 선풍적인 인기를 얻어 1년간 무려 16만 8000대를 팔며 '한국=공업국'이란 이미지를 조금이나마 각인시키는 데 성공했다.

현재 미국에서 삼성과 엘지의 가전제품과 현대와 기아의 자동차가 '품질이 좋은 한국산 제품'이라는 이미지로 좋은 평가를 얻고 있는데 바로 시작은 현대차의 포니였던 셈이다.

당시 포니는 솔직히 순수한 우리 제품은 아니었다. 디자인과 엔진, 미션, 플랫폼 등 중요한 부분은 모두 해외에 의존했다.

≋
역사상 최초의 아이돌 문화 수출

포니와 니쥬는 어떤 관계가 있을까?

포니는 우리가 기술이 없어 일본 기술을 들여와 미국으로 수출했다면 니쥬는 반대로 기술이 부족한 일본에 우리 기술로 만든 아이돌 그룹을 보냈다는 의미가 있다.

일본 입장에서 보면 우리의 포니처럼 한국에서 만들어 준 니쥬를 자신들이 세상에 자랑할 수 있게 된 것이다.

잊지 말아야 할 건 누구나 따라할 수 있는 포니 같은 공산품이 아니라 문화상품이라는 사실이다. 한 번에 10조 원 안팎의 천문학적인 투자비용이 들어가는 반도체 같은 제품을 제외하면 대부분 공산품은 비슷하게 만들 수 있다. 품질이 문제가 된다면 싼 가격으로 승부할 수도 있다.

그러나 문화상품은 다르다. 옆에서 보고 있어도 그걸 따라하긴 어렵다. 흉내 내는 것과 원본과 같은 품질의 문화상품을 만들어 내는 건 전혀 다르다.

SM엔터의 슈퍼주니어 멤버였던 중국인 멤버 한경 등 많은 중국인 아이돌 멤버가 중국으로 돌아갔고 돌아오지 않는 멤버도 있다. 한경은 중국의 한국식 아이돌 회사인 위에화의 주주로도 참여했고 중국으로 돌아간 멤버들은 한국의 노하우와 육성 시스템을 알고 있다고 하지만 지금까지 중국에서 한국 아이돌을 능가하거나 비슷하기라도 한 아이돌이 탄생했다는 얘기는 들은 바가 없다.

문화상품은 국가, 사회, 개인 등 한 집단이 오랜 시간 동안 묵혀 만들어 내는 종합적 상품이기 때문에 단순히 발성 연습 방법, 안무 창작 방식, 연습생 육성법 등을 안다고 해서 만들 수 있는 상품이 아니다.

니쥬는 한국식 노하우가 결합해 탄생한 일본인으로 구성된 걸그룹이라는 문화상품이다. 소속은 한국의 JYP엔터이지만 일본인으로만 구성됐기에 글로벌 시각으로 보면 일본의 아이돌처럼 보인다.

니쥬는 현대차의 포니와는 다르게 한국의 노하우로 만들어 해외로 수출한 최초의 문화상품이기도 하다.

일본에서 니쥬가 활동 중인 영상을 보면 한국식 화장을 하고, 한국식 패션 감각에 맞는 옷을 입고, 한국식 시스템 속에서 스태프들과 함께 움직이고 활동하고 있다. 심지어 태국 팬들에게도 한국어로 인사를 해 논란을 일으키기도 했지만 그만큼 철저하게 한국식 아이돌임을 내세운다.

니쥬가 출연한 NHK의 홍백가합전을 보면 니쥬가 패션, 인터뷰 등도 가장 세련되고 춤과 노래 역시 최고 수준이었다. 일본 가수들과 비교해도 한국식 트레이닝을 받은 지 겨우 1년밖에 되지 않은 니쥬가 모든 면에서 상위 1%에 들 정도였다.

니쥬는 시작이다.

첫 삽을 떴으니 앞으로는 세계 곳곳에서 미국 걸그룹, 헝가리 보이그룹, 브라질과 스페인의 걸그룹 등이 속속 등장하게 될 것이다.

아이돌 육성 방식의 수출, 문제없을까

: 한국 문화는 갑의 갑 위치, 따라오기 어렵다
: 한국에는 '0에서 100까지 익힌' 박진영이 최소한 열 명은 있다

니지 프로젝트를 통해 니쥬라는 걸그룹이 탄생했지만 일본은 한국의 무엇이 가장 탐났을까.

춤과 노래로 구분된 체계적인 트레이닝 시스템, 최신식 연습실, 시가 총액 1조 원 전후를 자랑하는 한국의 기획사 규모 등 몇 가지가 떠오른다.

사실 눈으로 봐도 확연히 차이가 난다.

도쿄 합숙까지 진행 상황을 보면 소니라는 큰 회사가 담당하고 있음에도 각 도시의 오디션 장소는 칸막이로 대략 만들어진 간이무대에서 진행됐다. 한국이라면 각 소도시마다 공연장이 2~3개씩 있기에 저토록 허술해 보이지 않는다.

참가자들의 실력도 차이가 있다. 한국은 워낙 아이돌 종주국이다 보니 오디션이라도 기본적으로 80점 이상의 실력자들이 참가한다.

그런데 일본의 참가자들은 진폭이 컸다. 10점에서 80점까지의 다양한 부류가 섞여 있다. 그나마 80점 정도로 분류되는 참가자는 모두 JYP 연습생으로 한국에서 트레이닝을 받은 경험이 있다. 나머지는 그야말로 가공되지 않은 원석(原石)이었다.

물론 오디션은 콘테스트와 다르다. 콘테스트는 경쟁을 통해 순위를 가려야 하지만 오디션은 원석이라도 스타를 찾는 과정이다. 가르칠 수 있는 것과 없는 것, 원석의 가치, 원석이 가지고 있는 성장성을 모두 감안해 판단하는 과정이 필요하다.

방송을 보면 1부는 도쿄 합숙 때까지다. 그리고 2부는 이들 열세 명이 한국으로 들어와 실력을 키우고 옥석을 가리는 과정이다.

그런데 2부부터 방송 화면이 확 바뀐다. 소위 한국물을 먹은 열세 명의 모습은 이미 스타였다. K뷰티의 위력을 단숨에 알 수 있었다. 메이크업에 헤어 스타일, 패션까지 모두 한국식으로 바꿔 놓으니 원석이 아니라 그냥 스타처럼 보였다.

한국에서 진행된 '개인 레벨 테스트'는 한마디로 깜짝 놀라는 수준이었다.

불과 한 달 만의 연습으로 참가자들의 수준과 분위기는 확 달라져 있었다. 지금도 팬들 사이에서 전설처럼 불리는 미이히가 부른 원더걸스의 <노바디>, 마야가 부른 미쓰에이의 <터치>, 마코가 부른 선미의 <24시간이 모자라>는 '왜 한국인가'를 완벽하게 보여준 무대였다.

더구나 모든 것이 다 갖춰진 대형 무대에 곡의 분위기에 맞춰 뒤쪽 디스플레이에서는 맞춤형 동영상이 나온다. 그냥 대충 불러도 스타처럼 보일 정도의 비주얼을 뽐낸다.

아마 일본의 시청자들도 "와 저래서 아이들이 한국을 동경하는구나"라는 느낌이었을 것이다.

실제로 일본에서 니지 프로젝트의 인기가 급상승하게 된 계기는 미이히의 <노바디> 무대부터. 현역 일본 정상급 가수보다 더 나은 완벽하게 한국화된 세련되고 급성장한 노래 실력 등에 일본 시청자들이 감탄하면서부터였다.

≈
박진영, 방시혁, 싸이의 뒤를 잇는
100점짜리 프로듀서 최소 열 명 이상

그러나 위에서 말한 보이는 것은 결코 정답이 아니다.

눈에 보이는 건 따라갈 수 있고 따라잡을 수 있다. 아마 일본이 가장 탐난 건 바로 '박진영'이라는 자산이었을 것이다.

프로그램을 보며 나는 "박진영은 예전 철강산업의 박태준 같은 사람이구나"라는 걸 느꼈다.

현재 우리나라 철강산업의 대들보인 포스코는 박태준(1927~2011)이 있었기에 가능했다.

박정희 군부정권 시대의 사람이긴 했지만 그는 우리나라에 제철소를 만들기 위해 제로에서 시작하고 배워 100까지 일궈 낸 사람이다. 공과는 있겠지만 그가 존재하지 않았다면 현재 한국의 철강산업이 일본을 제치고 세계 최강의 자리까지 오르진 못했을 것이다.

박진영은 스스로 작곡을 하고 춤을 만들고 노래를 부른다. 50 전후의 나이임에도 매일 운동하고 발성 연습하고 작곡하고 현역으로 활동 중이다. 박진영이 못 해 본 건 아이돌뿐이다. 그러나 그는 한국식 아이돌인 원더걸스, 2PM, 트와이스, 잇지(IZZY)를 만들어 냈다.

예전 중국의 덩샤오핑(鄧小平)이 1978년 일본을 방문했을 때의 일화다. 당시 중국은 제철회사가 없었다. 중국이 산업화로 나가려면 산업의 쌀이라는 제철소부터 지어야 했다.

덩샤오핑은 신일본제철의 이나야마 요시히로(稻山嘉寬) 회장에게 "중국에 이런 멋진 제철소를 지어줄 수 있느냐"고 물을 바 있다.

요시히로 회장의 대답이 바로 내가 말하려는 의도다.

"불가능합니다. 중국에는 박태준이 없기 때문입니다."

일본이 한국 아이돌 그룹을 흉내 낼 수는 있다. 그러나 제대로 된 아이돌을 만들 수는 없다.

눈에 보이는 제철소를 만드는 데도 사람과 경험이 중요한데 아이돌 그룹과 같은 문화산업은 눈에 보이지 않는다. 그래서 더욱 어렵다.

박진영은 대중음악의 세계에서 제로에서 100까지를 이뤄 낸 인물이다. 뒤늦은 대학교 2학년 때 클럽의 백 댄서로 대중음악의 판에 뛰어든 뒤 선배 작곡가들 뒤를 따라다니며 어깨너머로 작곡을 배우고 스스로 노래를 터득하며 지금의 위치에 섰다. 따라서 그의 한마디 한마디는 절대 그 분야의 최고 전문가가 아니면 따라할 수 없는 것이다.

참가자인 리쿠가 가라테(空手道) 시범을 선보이자 그는 말한다.

"아까 각각 왼발과 오른발로 서 있는 동작에서 한 발로 서 있는데도 중심이 흐트러지지 않았다. 춤출 때 아주 중요한 요소다."

춤동작이 작은 마야에게도 한 마디 한다.

"관절을 크게 써야 춤 선이 예쁘게 된다."

연습을 게을리한 참가자에게는 인생 선배로서 조언도 한다.

"재능 있는 사람이 성공하는 게 아니다. 매일 스스로를 채찍질하며 단련시키며 노력하는 자가 성공한다."

≈
무명가수의 수준과 관객의 수준이 뛰어난 한국

그런데 더 중요한 건 우리나라에는 박진영에 버금가는 프로듀서가 최소한 열 명 이상이 있다는 점이다. BTS나 블랙핑크는 누가 만들었는가?

유희열, 윤종신, 이선희, 윤상 등도 아티스트의 길을 선호해서 그렇지 능력은 충분하다.

게다가 정지훈(비)이나 규현(슈퍼주니어), 아이유, 이승기, CL 등 박진영, 방시혁, 싸이의 뒤를 이을 미래의 프로듀서도 잔뜩 존재한다.

니쥬의 예를 들면서 우리나라의 아이돌 노하우를 유출시킨다며 걱정하는 목소리가 있다.

그러나 나는 전혀 걱정할 필요가 없다고 본다. 비슷하게까지 따라올 수는 있어도 절대로 넘어설 수는 없기 때문이다. 원조가 가지고 있는 무한한 표현력과 나노급 섬세함은 흉내 내기 힘들다.

그 사실을 증명해 줄 만한 프로그램은 넘친다.

지난 연말 JTBC에서 매주 월요일 밤 했던 <싱어게인(무명가수전)>을 보자. 1980년대 노래를 현재 시대형으로 바꿔 부르고 댄스곡이나 발라드곡을 맘껏 비틀어 편곡해도 나름 멋지게 소화한다.

가장 기억에 남는 장면은 30호 가수(이승윤)가 부른 이효리의 <치티치티 뱅뱅>이다. 전혀 새로운 방식으로 여자 가수의 노래를 남자가 해석하고 편곡해 부른 이 노래는 한마디로 '앞서가는 스타일의 노래'였다.

내가 감탄한 건 바로 30호가 자생적 '창작 음악가'이기 때문이다.

특정한 문화를 이끌어 가는 건 바로 대중이 미처 느끼기 전에 '항상 새로운 뭔가'를 만들어 내는 '문화 창업자'들이 있기 때문이다. 30호는 창업자의 기질을 가지고 있었다. 그렇기에 30호의 <치티치티 뱅뱅>은 나에겐 한국 대중음악의 자부심으로 들렸다. 결국 30호는 1등을 했고 상금 1억 원을 받았다.

최근 진행된 <슈퍼밴드2>를 보자.

세계 각국의 노래를 독특하고 수준 높은 편곡으로 원작보다 더 감동적으로 풀어 낸다.

황린이 프로듀싱한 빌리 조엘(Billy Joel)의 <피아노맨>이나 월리K팀이 부른 브리트니 스피어스(Britney J. Spears)의 <웁스, 아이 디딧 어게인 (Oops I Did It Again)>은 다시 들어도 감동적이다.

게다가 거문고를 켜는 박다울의 상상력과 천재성은 한국형 밴드에서 국악의 역할에 대해서도 고개를 끄덕이게 만드는 면이 많았다.

무명 가수들의 수준이 저 정도인 나라는 지구상에 없다고 단언한다.

그리고 아직도 발굴되지 않은 뮤지션이 넘쳐 나고 현재 커가고 있는 10대 중에서도 대형 아티스트가 될 재목이 보인다.

따라서 이미 '갑의 갑' 위치에 있는 한국 문화는 아무리 수출해도 절대 배탈나지 않는다.

한국 문화는 일본을 추월했는가

: 한국이 역전 그래프를 만들었지만 낙관하기는 이르다
: 일본은 지난 100년간 축적한 저력이 여전히 남아 있다

니지 프로젝트와 니쥬의 탄생은 한국과 일본이 서로의 문화를 바라보는 시각이 변화했음을 확인시켜 주는 사건이었다.

그리고 아이돌을 내세운 가요 부문뿐 아니라 <기생충>, <사랑의 불시착>, <이태원클라스> 등의 영화와 드라마도 코로나19로 어수선한 가운데 일본에서 큰 인기를 끌었다.

반면 한국에서 일본 문화의 존재감은 점점 옅어지고 있는 건 사실이다.

5~6년 전까지만 해도 1년에 한두 편 애니메이션을 비롯한 일본 영화가 상영됐고 나름대로 색다른 재미를 주기도 했다. 그러나 최근 3~4년을 뒤돌아보면 거의 기억에 없을 정도로 존재감은 희미해졌다.

2000년대 초반 일부 부문에서 느낄 수 있었던 역전 현상은 2010년 이후로는 시간이 흐를수록 점점 격차는 더 벌어지고 있다는 느낌이다.

사실 예술 부문에서 한국은 향후 독보적인 영역을 구축할 가능성이 크다.

책 앞부분에서 밝혔듯이 자연을 담으려는 큰 뜻을 가진 한글은 표현력에서 무한대이기에 음악은 물론 영화나 공간 디자인 등 다양한 예술 분야에서 경쟁력을 갖고 있기 때문이다. 한국말을 할 줄 안다는 건 예술적 감각을 키울 수 있다는 말과 같기에 시간이 흐를수록 한국 문화는 더 득세할 수밖에 없는 운명을 지녔다.

≈
1980년대 유학없이 자생적 음악, 예술가 탄생시킨 일본

그런데 문화의 강함은 자생력의 뿌리가 얼마나 든든하냐로도 평가할 수 있다. 이런 면만 놓고 본다면 아직 일본의 저력은 무시하지 못한다고 본다.

일본은 40년 전인 1980년 대에 자생적인 문화의 강렬함을 떨치기 시작했다. 세계 기타계에 혜성처럼 등장한 야마시타 가즈히토(山下和仁), 구와타 밴드의 멋진 노래들, 건축가 안도 다다오(安藤忠雄) 등은 130년 전인 1890년대부터 일본이 쌓기 시작한 문화의 토대에서 자생적으로 터진 부러운 하나하나 보석 같은 존재였다. 이들 모두는 서양의 시각으로 보면 동양에서 자생한 세계적인 전문가였다.

이처럼 일본 문화의 풍성함은 1980년대부터 1990년대까지 20년 이상 아직 거품 경제의 수렁에 빠졌다는 자각을 미처 느끼지 못할 때까지 세계에서 인정받고 각광받았다.

≈
독일의 슈트라우스와 영국의 브리튼도 참여한 봉축가 행사

클래식 쪽에서 남겨 놓은 유산은 더욱 놀랍다.

지금부터 80여 년 전인 1940년은 일본 건국 2600년이라고 해서 '황기(皇紀) 2600년'으로 불렀다. 그리고 수년 전인 1936년경부터 일본은 '황기 2600년 기념 봉축가'를 만들어달라고 세계 각국의 유명 작곡가에게 의뢰를 하게 된다.

독일의 리하르트 슈트라우스(Rihard Greorg Strauss)와 영국의 벤저

민 브리튼(Benjamin Britten)도 여기에 응했고, 일본의 유명 음악인들과 당시 조선에서는 김기수가 <황화만년지곡(皇化萬年之曲)>이라는 일본 왕실을 찬양하는 아악을 만들었다.

1930년대 보스턴과 파리에서 음악 공부를 한 오자와 히사토(小澤壽人 1907~1953)도 봉축가를 만드는 데 참여했다. 그는 1937년 '일본 건국 교향곡'이란 부제의 <교향곡 3번>을 선보였는데 들어 보니 프로코피예프(Sergei Prokofiev)의 냄새가 풍긴다. 봉축곡은 아니지만 부제가 눈에 띄는 <가미카제(神風)>라는 피아노 협주곡도 1938년 만들었다. 이 곡은 프로코피예프 느낌에 재즈와 드뷔시(Claude Achlle Debussy)까지 섞여 있는 듯 독특한 분위기를 풍긴다.

이처럼 1930년대 일본은 전 세계 작곡자들을 섭외해 봉축곡을 만들어 달라고 할 정도로 위세가 대단했다. 게다가 그 당시 독특하면서 세계 수준에 버금갈 분위기의 교향곡과 피아노 협주곡도 자신들의 손으로 만들 수 있었다.

잘못된 것은 정치적 편향성이다. 아무리 그들이 만든 교향곡과 피아노 협주곡이 나름의 평가를 받아도 정치의 영향을 받은 작품은 한계를 가지게 마련이고 따라서 좋은 평가를 받지는 못한다. 세계적으로 러시아의 작곡가 쇼스타코비치(Dmitrii Shostakovich)가 저평가받고 있는 이유가 바로 소련공산당에 굴복했던 전력 때문이다.

아마 그때 깔아 놓은 기반이 바탕이 됐을 것이다. 일본이 1950년대 이후 세계가 제2차 세계대전과 한국전쟁의 후유증에서 벗어나 경제고도화 시기를 거치게 되자 일본 클래식계에서도 나름 인정받는 인재가 등장한다. 시카고교향악단을 키운 지휘자 오자와 세이지(小澤征爾 1938~)가 나왔고, 독학으로 독특한 음악세계를 구축한 다케미츠 토루(武滿徹 1930~1996)도 등장했다.

개인적으로 다케미츠는 <황성의 달>을 만든 다키렌타로(滝廉太郎)에 비견될 정도로 동양적인 정서를 서구에 알린 작곡가라고 본다.

다케미츠의 등장은 사실 무척 부러운 대목이다.

누군가의 가르침 없이 독학으로 세계가 인정하는 작곡가로 성장했다는 건 그만큼 당시의 일본이라는 나라의 문화적 토대가 탄탄하다는, 즉 문화 대국이었다는 증거이기 때문이다.

이처럼 일본의 문화적 토대는 생각보다 단단하다.

일본이 1995년 이후 거품 경제가 사라지며 지금까지 '잃어버린 20년'을 살아가고 있기 때문에 일시적으로 힘을 잃었지만 그렇다고 그 저력마저 사라진 건 아니다.

현재 한국의 K팝을 배우러 일본은 물론 세계 각국의 젊은이들이 서울로 몰려오고 있다.

그러나 적나라하게 "한국 문화가 일본 문화를 역전했느냐"는 질문에는 여전히 주저하지 않을 수 없다. 음악과 드라마 등 일부 부문에서 앞서기 시작한 것은 사실이지만 여전히 일본은 축적해 놓은 유산이 남아 있기 때문이다. 다만 한국은 아직 성장하고 있고 일본은 침체라는 점은 향후 한국 문화의 우월한 역전 현상이 더 심화될 것임을 암시한다.

왜냐하면 한국은 기독교를 받아들여 동서양 융합 문화를 완성했고 표현력과 다양성 면에서 한글과 반도국가라는 장점을 본격적으로 발휘하며 세계 속에서 경쟁력을 갖췄기 때문이다. 그러나 일본은 "먼저 서구 세계에 문을 연 동양 국가"라는 효과가 사라져 버리는 느낌이다. 한국 문화는 인터넷과 유튜브라는 시대적인 플랫폼까지 도와주게 됨으로써 현재 세계를 향해 호령하게 됐다. 이제 막 시작했다.

한국은 이제서야 스스로 5000년간 쌓아온 실타래를 막 풀고 있다.

니쥬를 통해 무엇을
배울 것인가

: 니쥬는 한일 양국 간 민간 교류의 역할을 해야 한다
: '트와이스' 등 일본에서 친근한 JYP가 '정문(政 文) 분리'에
  앞장서야

최근 한일 간 국민들의 감정이 썩 좋지 못하다.

여러 가지 이유가 있겠지만 양국의 정치인들이 자신의 이익을 위해 국민들의 감정을 이용한 점도 없지 않다.

예전부터 한일 간에 정치적으로 민감한 사안이 발생하면 "정치는 정치, 국민은 국민"이란 말로 정치 때문에 민간 교류가 수축되거나 침해받아서는 안 된다고 했다.

시대가 바뀌었고 사안의 민감함이나 책임 소재를 떠나 일반 국민들의 감정까지 지나치게 악화된 점이 아쉽다.

심지어 "일본이 싫으니 시바견도 안 키우겠다"는 댓글까지 등장하는 건 지나치다. 일본에서도 비슷한 흐름의 혐한 댓글이 분명 존재할 것이다.

이 때문에 니쥬도 조금 정상적이지 못한 활동을 하는 것 같아 팬으로서 안타깝다.

니쥬는 지난해 10월 일본으로 건너가 연말까지 일본에서 활동하고 올해 초에 한국으로 들어왔다. 현재는 다시 일본에 가 활동 중이다. 9월 중순에는 최초로 팬미팅 공연도 열었다.

그러나 JYP가 만든 걸그룹이 세계를 향하지 않고 일본에만 열중하고 한국 활동도 소홀히 하는 건 확실히 재능 낭비다. '세계를 상대로 하는 걸그룹'이라는 니지 프로젝트의 취지에도 맞지 않는다.

≈
정치적 논리보다 미사모의 활약이 더 친근하다

니쥬가 세계를 목표로 하고 있다면 향후 일정은 뻔하다.

한국에서도 인정받고 세계로 뻗어 나가야 한다. 가장 시급한 건 역시 언어다. 마코와 리마, 미이히, 니나가 한국말을 잘하니 이들부터 좀 더 한국말을 익혀 한국 예능 프로그램에 데뷔시키는 것이 우선 과제로 보인다.

좋은 예로 트와이스에는 세 명의 일본인 멤버가 있다. 미나, 사나, 모모(미사모로 불림)로 이들은 한국에서 일본인이라기보다 트와이스의 멤버로 본다. 이들이 한국말을 잘해 연예 프로그램에도 출연하며 한국 사람들에게 친근해진 점도 큰 이유다. 트와이스의 미사모 세 명은 한국에서 활동을 무기로 세계의 K팝 팬들로부터 큰 지지를 받고 있다.

니쥬도 하루빨리 트와이스의 미사모가 걸었던 길을 걸어야 한다. 왜냐하면 여전히 아이돌 문화의 중심은 한국이고 따라서 전 세계 K팝 팬들은 한국에서 얼마나 인지도가 있느냐에 따라 세계 속 아이돌로서 인정해 주는 분위기가 있기 때문이다.

지난 4월 브레이브걸스의 <롤린>이란 곡이 4년 만에 역주행해 음악방송 1등을 하자 브레이브걸스는 단숨에 세계적으로 이름을 알리게 됐다. 최근 걸그룹 오디션인 <걸스플래닛999>에서는 데뷔 7년차 최유진의 풋풋하고 신선한 마음자세가 화제가 되어 해체를 선언한 최유진이 속해 있던 씨엘씨의 뮤직비디오 <헬리콥터>가 다시 전 세계에서 각광을 받기도 했다. 더 쉬운 예로 최근 계약 만료로 공식 해체된 한일 걸그룹 아이즈원이 지난해 공개한 뮤직 비디오(MV)가 있다.

2020년 6월 16일 발표한 한국어 버전의 <환상동화> MV는 2021년 9월 23일 현재 7346만 뷰를 달성했다. 넉 달 뒤인 2020년 10월 7일에 공개한 일본어 버전인 <비웨어(Beware)>는 1300만 뷰다. 그리고 2020년 12월 초 한국어 버전으로 공개한 <파노라마>의 MV는 현재 6300만 뷰를 돌파했다. 결국 한국어로 부르고 한국에서 활발한 활동을 해야 비로소 세계에서 인정해 주는 분위기가 있는 것이다.

니쥬의 한국 활동으로 한국 내에서 저변을 넓히는 것은 일석이조의 효과가 있다.

니쥬의 한국 활동이 활발해져야 니쥬가 나빠진 한일 양국 사이에서 '평화의 대사' 역할을 할 수 있기도 하지만 크게 보면 애초 아홉 명 멤버가 꿈꾸던 '세계로 가는 걸그룹'의 목표로 다가가는 걸음이 빨라질 수 있기 때문이다.

≈

일본에서 이미지 좋은 JYP가 한일 간 역할자 돼야

특히 일본에서 이미지가 좋은 박진영과 JYP엔터가 그 역할을 했으면 좋겠다. JYP의 사훈인 '진실, 성실, 겸손'은 일본에서도 화제가 됐다. 아마 일본에서 한국 기업 이미지 조사를 한다면 삼성, 현대, LG보다 단연코 JYP가 1등일 것이다.

따라서 니쥬의 한일 간 역할에 대해 박진영 프로듀서는 진지한 고민이 필요하다고 본다.

「성학십도(聖學十圖)」

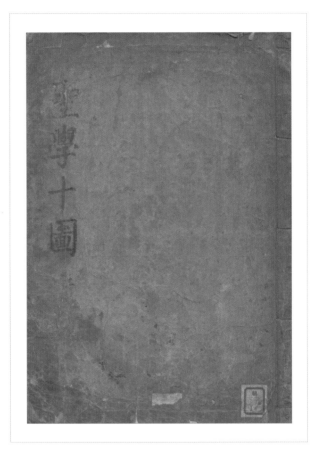

<출처: 국립도서관>

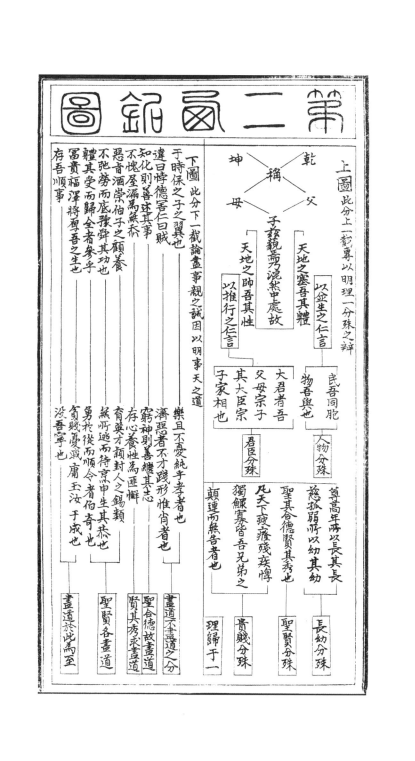

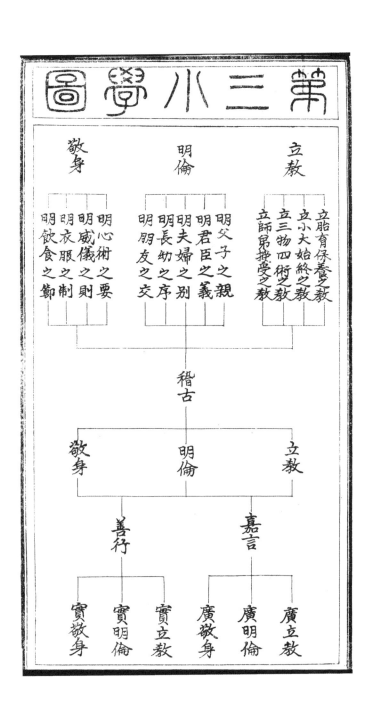

第三 小學圖

立教　　明倫　　敬身

立胎育保養之教
立小大始終之教
立三物四術之教
立師弟授受之教

明父子之親
明君臣之義
明夫婦之別
明長幼之序
明朋友之交

明心術之要
明威儀之則
明衣服之制
明飲食之節

稽古

敬身　　明倫　　立教

善行　　嘉言

實敬身　實明倫　實立教　廣敬身　廣明倫　廣立教

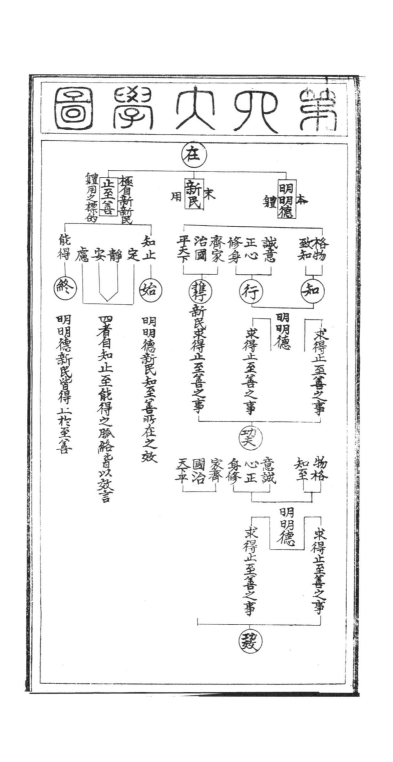

第五白鹿洞規圖

父子有親
君臣有義
夫婦有別
長幼有序
朋友有信

右五教之目

博學
審問
慎思
明辨
篤行

言忠信 行篤敬
懲忿窒慾遷善改過
正其義不謀其利
明其道不計其功
己所不欲勿施於人
行有不得反求諸己

窮理之要
修身之要
處事之要
接物之要

堯舜使契為司徒敬敷五教即此是也學者學此而已其所以學之之序亦有五焉其別如左本當作下

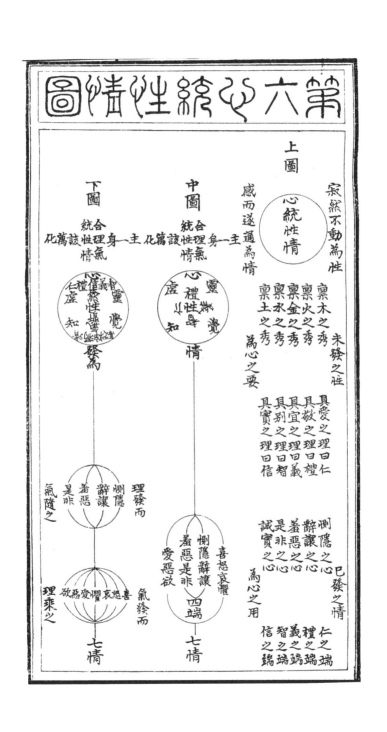

第六心統性情圖

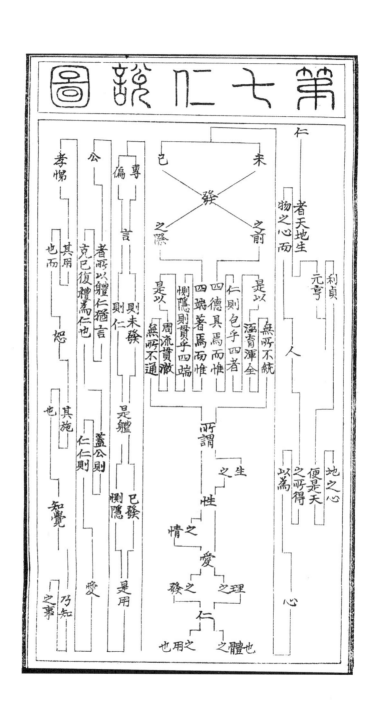

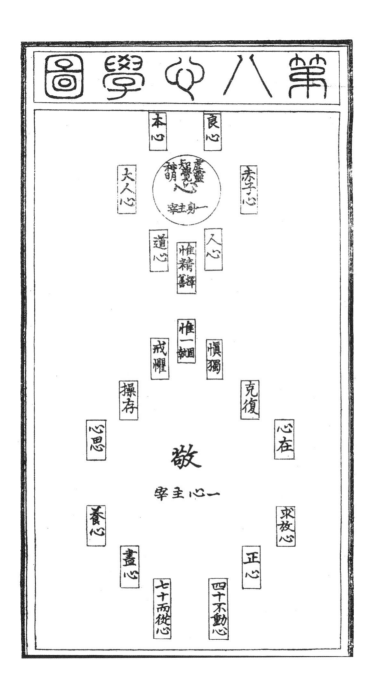

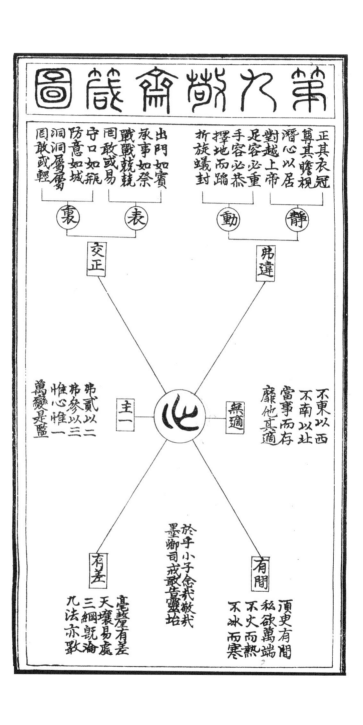

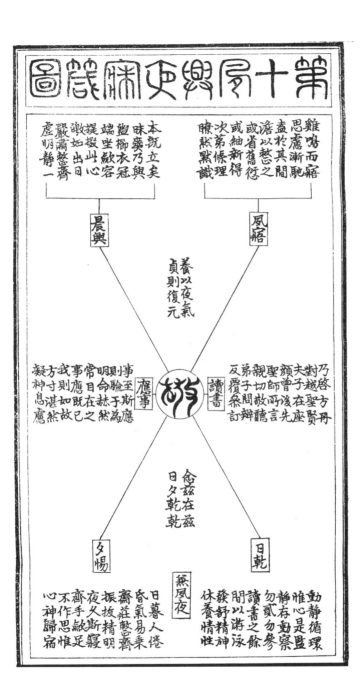

雞鳴而寤
思慮漸馳
盍於其間
澹以整之
或省舊愆
或紬新得
次第條理
瞭然默識

本既立矣
昧爽乃興
盥櫛衣冠
端坐斂容
提掇此心
皦如出日
嚴肅整齊
虛明靜一

晨興

夙寤

養以夜氣
貞則復元

凝方我事常明則事
神寸則應目命驗于
息湛如既命赫于斯
慮然故已在然為應

應事

讀書

乃啓方冊
對越聖賢
夫子在坐
顏曾後先
聖師所言
親切敬聽
弟子問辨
反覆參訂

念茲在茲
日夕乾乾

夕惕

日乾

無夙夜

心不齋夜日
神作手暮
歸思斂久人
宿惟足斯寢倦
振拔精明
齋莊整齊
昏氣易乘

動靜循環
惟心是監
靜存動察
勿貳勿參
讀書之餘
間以游泳
發舒精神
休養情性

BTS는
어떻게
?
세계를
품었나

명품 한류를 만든 열두 가지, K팝을 중심으로